品牌营销从0到1

BUILDING A BRAND FROM 0 TO 1

方阿海 / 编著

中国科学技术大学出版社

内 容 简 介

从研究消费者到创造客户是品牌营销的第一步,也是初创企业最重要的一步。从研究消费者开始到创造客户的过程,就是从零开始做品牌营销的过程。本书从认识和理解消费者思维出发,指导初创企业与消费者沟通及互动,并为消费者提供适合的产品及服务,以及提供一系列的方法及工具,帮助初创企业有目标、有意识、有方法地创造客户,走好品牌营销的第一步。

图书在版编目(CIP)数据

品牌营销从 0 到 1/方阿海编著. ——合肥:中国科学技术大学出版社,2022.7

ISBN 978-7-312-05422-8

Ⅰ. 品… Ⅱ. 方… Ⅲ. 品牌营销 Ⅳ. F713.3

中国版本图书馆 CIP 数据核字(2022)第 080737 号

品牌营销从 0 到 1

PINPAI YINGXIAO CONG 0 DAO 1

出版	中国科学技术大学出版社
	安徽省合肥市金寨路 96 号,230026
	http://press.ustc.edu.cn
	https://zgkxjsdxcbs.tmall.com
印刷	安徽国文彩印有限公司
发行	中国科学技术大学出版社
开本	880 mm×1230 mm 1/32
印张	7.5
字数	155 千
版次	2022 年 7 月第 1 版
印次	2022 年 7 月第 1 次印刷
定价	58.00 元

前　言

品牌营销是商业的延伸,商业的本质是交易,交易的核心即人。一切思考从人开始,一切归点亦回归到人。

《论真理》里中有一句哲学名言:"人是万物的尺度,人存在时万物存在,人不存在时万物不存在。"无论品牌营销如何发展,我们都需要围绕"人"这个核心。

品牌营销看似有纷繁复杂的变化,技术也在快速迭代,但本质上都是基于消费者的变化而变化。品牌讨好"人"的程度,决定了其存在的价值。

如何理解品牌营销从0到1呢?

我们可以把"0"理解为没有客户。品牌营销从没有客户开始,因为创造了客户,才推动了企业的发展,成就了品牌。品牌价值的大小取决于客户的多少,而不是企业的厂房大小、产品多少。从消费者研究开始到创造客户的过程,就是从零开始做品牌营销的过程。

如何判断哪些人是我们的客户?简单来说,就是愿意用钱买我们的产品或服务的人。当然,这也是最难的。这就需要我们理顺自己的商业逻辑,其基本标准是有人为你的产品或服务买单(最好是陌生人)。扩大买单和复购,是从 1 到 n 的事。能服务多少用户,就做多大的品牌。

每一家企业,尤其是初创企业都一定要在创造客户上下足功夫,也就是具备拆分到最小单位产品或服务的商业能力,否则企业规模越大,风险系数越大。

创造客户是企业生存的第一步,也是品牌营销的重要一步。

然而,商业并非仅限于企业和消费者之间,企业还要面临企业之间的竞争。现在大量的产品(服务)充斥着社会的各个角落,在资本和生产技术的催化下,导致了严重的产能过剩。紧接着的是商家竞争加剧,互相厮杀,打折促销让商家觉得压力越来越大,钱也越来越难赚。为什么会如此?究其原因,是消费者的需求升级了,该有的都有了,而市场上依然充斥着各类同质化的产品。并不是消费者不愿意去消费,而是商家并没有创造出消费者想要的产品。中国消费者的自主意识不断崛起,以后将是得消费者得市场,消费者成为未来商业的核心。面对需求多元化、快速化且矛盾的超级消费者,机会似乎无处不在,但挑战也进一步升级。

市场监测和数据分析公司尼尔森有一份报告显示,中国消费者无论在服务还是产品方面,都具有明显的双重标准:服务方面,相当一部分消费者对于日常需求的满足缺乏耐心,要求即刻实现,相反,他们为了喜欢的东西却可以不惜等待排队几小时;产品方面,中国消费者会理性地选择高性价比的产品,相反,对于那些符合自己风格和兴趣的产品,又可以不计成本,任性消费。

另一方面,互联网技术越来越发达,我们要看到很多基于互联网技术的营销,例如直播、网络精准营销、社群营销、私域流量营销等,当然还有物联网、大数据、云计算等,这些让营销方式变化得很快,企业选择用何种营销方式塑造品牌时也变得越来越纠结,不"砸钱"感觉对不起这个时代,"砸钱"感觉对不起自己的口袋,进退两难。

从表象上看,技术推动了营销方式的变革,但从本质上来说,营销方式的变革是在不断地适应消费者的变化。例如,以前我们非常重视产品的生产能力和渠道规模,而现在,我们更加重视消费者的口碑。营销人员越来越喜欢大数据,是因为我们可以通过数据更清楚地判断消费者习惯;我们看到很多年轻人每天都在刷着抖音、看着B站(哔哩哔哩),所以为了适应消费群体习惯的迁移,我们的营销要搬到抖音、B站上,跟上年轻人的步伐;当我们越来越明白花钱买流量不是长久之计时,我们便越来越在乎构建自己的品牌护城河和私域流量营销服务池。这些改变依然是在围绕着消费者的变化而进行的。

品牌营销的哲学终究是人的哲学。无论市场如何变化,技术如何发展,都改变不了品牌营销以人为出发点的核心。不懂得品牌和消费者之间的关系,也不清楚营销是如何与消费者产生互动的,企业对市场的判断会失去准心,应对市场的变化时也会显得进退两难。所以，只有了解品牌营销和其内在逻辑，才能在纷繁复杂的变化中找到企业的生存之术、取胜之道。

值得注意的是，品牌营销听上去易懂，但操作起还是很有难度的，这也就是为什么说品牌营销是"一听就会，一做就错"的一项工作。绝大部分靠"拍脑袋"都不可取。有很多创业者有时还是想当然，缺乏基础的认知和基本的耐心，恨不得今天种豆明天开始就能收庄稼。有的人也许靠着经验和运气会顺风顺水，企业快速发展壮大；而有的人也许从一开始就碰到一个接着一个的问题，长叹生意不好做。

有质量思考的背后都需要逻辑支撑。现如今，在大众创新、万众创业的浪潮之下，初创企业在不断地增加，信息更加透明，竞争会更加激烈。所幸的是，已经有很多企业慢慢地开始关注和研究品牌营销工作，对于品牌营销的思维认知也在不断提高，不再简单地看别人做什么挣钱，自己就做什么，而是慢慢地开始聚焦自己的范畴和资源；也不再上来就模仿，靠信息差或者"割韭菜"的方式去获得蝇头小利，而是开始关注自己的价值和定位。当这种认知慢慢地装进我们大脑，我们的很多行为及决策也就会变得成熟起来。

可能有人觉得品牌营销是大企业才玩得起的事情，其实不然，在互联网时代，所有的商业个体或产品都需要"知品牌，懂营销"，否则生命力会比较弱，而且在各自领域的红海竞争中会厮杀得特别痛苦。

本书从认识和理解消费者思维出发,指导初创企业为消费者提供适合他们的产品及服务,与消费者沟通、互动;提供一系列方法及工具,帮助初创企业有目标、有意识、有方法地创造客户,走好品牌营销的第一步。

这个时代无论你是企业还是个体,都需要懂营销,知品牌。

目　录

前言 …………………………………………（ⅰ）

第1章　消费者与品牌营销 ………………（1）
　品牌营销的核心是什么 ……………………（1）
　品牌营销有难易之分 ………………………（3）
　化繁就简，抓住核心动作 …………………（5）
　什么是消费者思维 …………………………（12）

第2章　立足消费者 …………………………（16）
　营销变得陌生了 ……………………………（16）
　营销的核心：4P ……………………………（20）
　营销的加分项：2P …………………………（21）
　对好产品的需求一直存在 …………………（22）
　我们分得清消费者的需求吗 ………………（25）
　警惕"自嗨"的产品陷阱 ……………………（30）
　定价的平衡与决策 …………………………（33）
　如何给产品定价 ……………………………（34）

选择适合的渠道 ……………………………………（37）
　　做好知名度 ………………………………………（39）

第3章　消费者研究 …………………………………（42）
　　产品源于需求，诞生于消费者脑中 ……………（42）
　　产品底层逻辑是解决方案 ………………………（46）
　　如何做消费者调研 ………………………………（48）
　　绘制用户画像 ……………………………………（55）

第4章　创造客户 ……………………………………（61）
　　客户，初创企业的第一思考 ……………………（61）
　　满足需求，形成偏爱 ……………………………（63）
　　"我需要"和"我想要" ……………………………（64）
　　忠于客户 …………………………………………（68）

第5章　做一款好产品 ………………………………（71）
　　产品即解决方案 …………………………………（71）
　　开发产品的外部思维 ……………………………（73）
　　产品的卖点不等于消费者的买点 ………………（76）
　　提炼产品的购买理由 ……………………………（77）
　　找不到产品的购买理由怎么办 …………………（83）
　　着力产品的第一特性 ……………………………（84）
　　产品持续迭代 ……………………………………（88）

第6章　塑造品牌符号 ………………………………（91）
　　品牌迷宫陷阱 ……………………………………（91）

打造品牌的目的是什么 …………………………（92）
先立足于消费者 …………………………………（93）
建设品牌，先要避掉几个误区 …………………（95）
消费者的选择来自他对品牌的记忆 …………（100）
品牌记忆由一个一个符号组成 ………………（101）
好的创意符号是怎么诞生的 …………………（104）

第7章 好创意，好符号 …………………………（109）
五觉创意符号方法 ……………………………（109）
如何给品牌取个好名字 ………………………（117）
词汇是自带能量的符号 ………………………（123）
如何设计品牌标识 ……………………………（126）
广告语的威力 …………………………………（129）
价值主张 ………………………………………（137）
打造差异化品牌记忆点 ………………………（138）

第8章 构建消费者认知 …………………………（150）
品牌需要传播 …………………………………（150）
初创品牌的传播之道 …………………………（155）
品牌故事是文案的最好载体 …………………（159）
运用广告 ………………………………………（164）
一条好广告需要具备哪些特点 ………………（172）
引流广告怎么做 ………………………………（174）
积累品牌资产 …………………………………（176）

第9章 有序竞争 ……………………………………… (181)

如何应对竞争的"第三者" …………………………… (181)

如何创造差异化优势 ………………………………… (183)

同质竞争，营销如何切入市场 ……………………… (189)

打造品类产品 ………………………………………… (195)

品类的饱和攻击与局部胜利 ………………………… (203)

竞争的三个阶段 ……………………………………… (205)

第10章 知行一致 ……………………………………… (207)

金字塔式的行动 ……………………………………… (207)

由内向外的思考 ……………………………………… (209)

从设想到落地一脉相承 ……………………………… (212)

行动践行 ……………………………………………… (219)

参考文献 ………………………………………………… (222)

后记 ……………………………………………………… (224)

第 1 章　消费者与品牌营销

不管品牌营销如何变化,技术如何革新,都是基于消费者的需求变化。

品牌营销的核心是什么

品牌营销的核心是什么?是产品,是品牌,还是营销?

有人说"没有产品一切就免谈,产品就是核心";有人说"品牌是企业的护城河,没有品牌心智的占领,企业就会陷入价格的陷阱,红海的竞争厮杀";还有人说"营销是企业增长的核心技术,是企业增长要遵循的一系列商业准则,增长才是硬道理"。其实这些都对,每一家企业都有自己的生存之法。但这些工作的核心都离不开人,即消费者。没有消费者,企业的产品谁来买单?没有消费者,企业的品牌给谁看?没有消费者,企业的营销从哪下手?所以,我们今天来讨论品牌营销,还是要基于消费者来谈,脱离消费者谈品牌营销基本上都是企业以自我为中心,很容易陷入"自嗨"或内部思维,企业往往感觉付出了很多,却得不到自己想要的结果。究其根本,还是企业没有理解消费者和企业间的基本逻辑,品牌营销要从人开始,也终归要回归到人,这是本书谈品牌营销的起点。

有一种解释:品牌营销(Brand Marketing),是通过市场营销使客户形成对企业品牌和产品的认知过程。这句话的关键就是"客户",市场营销是建立企业的产品、品牌和客户之间关系的方法,产品是服务客户的具体实物或服务,品牌是用来让客户记住的符号。

如果我们将品牌营销4个字拆开来解读,可以分为:

品,是产品;

牌,是品牌;

营销,是方法(具体地说,是驱动企业增长,建立企业的产品、品牌和客户之间关系的方法)。

所以我们可以从品牌营销中提炼出三个关键词:产品、品牌、营销,这三个词围绕消费者展开。如何来理解这三个词的关系呢?比如,图1.1中两件衣服,(a)是产品,(b)是品牌。

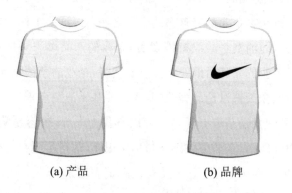

图1.1 产品和品牌

那么是谁来定义这件衣服是产品还是品牌呢?是消费者。

因为图1.1(a)中的衣服在消费者眼中只是一件短袖,是一件产品,但叫不出来名字,所以只能称之为产品;图1.1(b)中这件衣服很多人都会知道,这件短袖的品牌叫耐克(Nike),因为衣服上有一个"钩"的标识,带有这个标识的品牌叫耐克;而企业就是通过营销的方式将耐克这个标识"装进"了消费者的脑中。

初创企业做品牌营销,可以不需要懂那么多"高大上"的词汇,先记住:品牌营销的核心是消费者,一切从消费者出发;产品、品牌、营销是品牌营销重要的三件事,并且要围绕消费者做好这三件事。

品牌营销有难易之分

品牌营销是难的问题,还是简单的问题?我们要分两方面来看。

一方面,很多人说关于品牌营销,一听就会,一做就错。每个人谈到品牌营销都能有一些自己的看法,但真正落实起来就是另外一回事。品牌营销本身并非一件容易做好的事,如果我们对品牌营销的基本知识和基本逻辑不掌握,仅凭自己的理解很容易以为品牌营销就是这样。

而大部分时候,大家都是在盲人摸象,有的人知道自己在盲人摸象,所以对待这件事更加认真、严谨,会把好的经验和好的方法总结起来,用来指导工作的开展;而有的人可能不知道自己在盲人摸象,上来就是一通"战略""定位""规划"等,再加上现在很多人造出很多非常"上档次"和专业的名词,常常不仅是企业云里雾里,甚至品牌营销人员都能自己把自己讲迷糊。从这个角度看,要做好品牌营销好像并不是一件简单的事,好像还挺玄乎。

另一方面,品牌营销其实也非常简单,比如我喜欢吃我家楼下的"王师傅鲜肉包",早餐买包子的过程,就是品牌营销的过程。产品是包子,"王师傅"是品牌,包子铺早晨开门营业就是营销。所以我们的一日三餐,吃喝住行,大小事情,但凡涉及商业交易和选择的都和品牌营销有关联。只是这些事情已经变得非常生活化,所以我们也就不会站到品牌营销角度来思考。

其实,品牌营销的难易程度之分就是我们企业的目标之别,具体来说,如果你只做100个人的生意,你做得就会相对来说容易一些;如果你要做1万个人的生意,那么我们就需要有方法有策略;而如果你要做100万人的生意,那我们需要的可能就会更多。这就相当于跑完100米很简单,但是要跑到全市冠军就很难,全国冠军就极其困难了。

当然品牌营销也会有成败之别。大部分的情况是很多企业并没有"教练",也不知道"市场环境",甚至不知道自己的客户是谁,然后就想拿第一,必然会遇到重重困难,失败也就在所难免。

化繁就简,抓住核心动作

品牌营销应该怎么做呢?

提到这个问题,很多人都会有自己的观点,学者和大众的解释也有很多种。这个问题类似爱情是什么,每个人都觉得自己懂一点,但也只是自己懂自己的爱情,甚至有的时候自己都不清楚自己的爱情,怎么来定义爱情?品牌营销也是一样,这是一个因人、因组织而异的事情,怎么做没有一个标准的答案,即使有参考也是基于个人或基于企业组织的经验沉淀。每一种合理性打法,一定是基于和消费者连接的。

品牌营销,有的是产品为王,也有靠品牌驱动,还有营销驱动。选择哪一种方式都需要根据自己企业的产品、资源、市场来综合考虑。

产品为王

有的人做品牌营销的核心是注重自己的产品。产品为王,尤其在互联网企业,对于产品的打磨非常看重。以前做传统生意需要很长的传播路径,互联网将传播路径极大地缩短。产品可以直接展示在消费者的眼前,而这个时候好的产品体验容易让消费者

"路人转粉"。

产品为王要抓住的核心是什么呢？抓口碑，抓消费者的口碑。在互联网时代，口碑营销就是最强大的品牌营销手段，而口碑的背后则需要强大的产品支撑。过硬的产品，良好的口碑，可以让我们不断地与消费者连接，按照比较时髦的说法，这叫"用户裂变"。因为这个时代每一个人都是一个自媒体，每一个人都有多样化的发声渠道。例如，我们遇到一家好的餐厅，觉得不错，我们可能会拍照发个朋友圈，分享既是社交需求，同样也有传播的功效。或许正是因为这样一张照片，就能为这家餐厅引来朋友圈的好友。我们现在常说的网红打卡点，就是口碑营销方式之一。

以前我们做营销可能苦于不知道怎么推广，怎么营销，甚至感觉自己的东西很小众，可能推广起来比较麻烦。而互联网恰恰降低了传播的边际成本，哪怕你只是一家做油纸伞的企业，都有机会在互联网上找到一大批你的用户。

当然，产品为王不是说你不需要推广，不需要和消费者互动。而是说你要以产品为核心，围绕消费者做产品。产品就是最大的品牌营销工具，我们要在产品上下足功夫。例如，小米手机一开始就提出"死磕"产品、"死磕"服务，"小米硬件综合净利润率永远不超过5%"等口号，把实惠让给消费者，所以在开始阶段，小米用产品快速地积累了自己的一批忠实用户。正是因为提供了高性价比的产品，消费者分享、推荐成了小米的品牌营销的重要力量。

品牌驱动

随着市场竞争的加剧，产品的同质化在不断上升，很多品类的产品都在趋同化。趋同化的结果就是直接的价格竞争，很多人都想通过品牌来构建自己的护城河，并抢占市场，所以现在很多企业都在品牌上进行大量的投入。

品牌驱动主要抓住的核心是什么呢？抓消费者心智。通过占领客户大脑里的认知观念，营造有利于消费者接受的内外氛围，获取最理想的认知制高点，由此制造需求，引导市场，拉动销售，以获得持续稳定上升的销量，最终赢得消费者心智认知战争。比如，你想买一辆操控性好的汽车，你可能会想到宝马；你想买一瓶去屑洗发水，你可能会想到清扬；吃火锅怕上火，可能你会点一瓶王老吉等。

品牌驱动最终的结果是要让品牌和消费者形成一对一的联想。只要消费者在某一个场景下，第一个就能想到这个品牌，我们就能够享受到品牌带来的红利。后面的章节中我会讲到品类、细分等内容。

而让消费者形成和品牌一对一联想的最好方式就是打造差异点。围绕着差异点全方位地展开，保证品牌策略得以全方位传播与落地。当提炼的差异点表达成功以后，与之相适应的品牌核心价值、品牌观点、品牌个性、品牌形象等品牌建设工作应连贯开展。而支撑差异点的体系也要构筑起来，让其被客户体验和感知,最后形成真正的认知差异化。此时,品牌就是全程营销的内核动力。

同时,品牌驱动并不等于品牌广告驱动,很多人往往认为品牌广告打多了,品牌就有了。首先,品牌广告的引爆是需要资金支持的,我们的资金够不够支撑;其次,未必打了很多广告,我们的东西就能卖得掉,消费者对产品无感是常有的事,只有当我们建立了消费者品类,并且经过验证这个品类有市场,我们大规模广告覆盖才可能有效;最后,企业是否已经找准了自己的定位和宣传策略,清楚会取得哪些可预期效果。只有把这些考虑清楚了,我们才能有所为、有所不为。

营销驱动

营销驱动有很多方法,但本质上来说还是要洞察消费者的需求。

例如,大家都熟悉的"今年过节不收礼,收礼只收脑白金"。这就是对消费者的洞察,化场景为购买理由。脑白金深刻地洞察到逢年过节大家不知道送什么礼品,或者有选择困难,即便选择了也不确定这个礼品好不好。所以脑白金就用这样一句铺天盖地的广告语将品牌装进了消费者的脑中,让消费者在选择过节礼品上有了优质推荐,至少不会上当受骗。而受礼者也大多见过和听过这个品牌,所以接受起来会更容易。

还有一句话大家也很熟悉:"怕上火,喝王老吉"。在没有听到这句话之前,消费者对于"预防上火饮料"是没有概念的,而当他们听到"怕上火,喝王老吉"这句话的时候,他们会有心理倾向和场景联想,但凡自己感觉吃辣的东西了或有上火的可能时,消费者都会想到王老吉,尤其在火锅店吃火锅的时候。事实也是如此,王老吉一开始的渠道就是在火锅店。

营销界最具有代表性的案例莫过于可口可乐了,可口可乐用了130多年的时间,成长为享誉全球的知名品牌。其中一项调查表明,Coca-Cola(可口可乐)这个字母组合是在全世界识别率非常高的文字,仅次于英文单词OK。而可口可乐这个产品的诞生就是基于对当时消费者的洞察。可口可乐问世的1886年,正是美国历史上著名的"镀金时代",人人都怀揣一夜暴富的梦想,疯狂寻找发财机会。当时有一批商人,靠贩卖"秘方药"成了百万富翁。可口可乐也是"秘方药"出身,这决定了它一开始就极度重视营销推广。可口可乐的营销有三点到现在依然流行。

首先,开创了简洁明快的现代广告风格。它告别广告的长篇大论,即一眼看上去密密麻麻的字,可口可乐的广告词就两个词"美味!清爽!"朗朗上口,容易记住,后来成为可口可乐的代名词。我们常说的广告语(Slogan),也都在采用这种方式,例如"送长辈,黄金酒"。

其次,地毯式轰炸。除了报纸广告,可口可乐还尝试了当时所有的广告形式,比如免费品尝券、海报传单、车身广告、墙体广告等,而且每种方式都做到了极致。比如做墙面广告,他们把整栋房子的墙面刷成可口可乐红。除此之外,可口可乐还发放了数量惊人的日历、记事本、盘子、扇子等宣传品,仅1913年一年,这类宣传品就发放1亿多件。要知道100年以前,美国总人口才8000多万,平均每人一件还要多。他们的目标是保证每个人每天都能看见可口可乐的标志。这些方法一直沿用到今天,只是有时候广告的形式和媒介形式有所增加,但地毯式轰炸策略到今天依然有效。

最后,名人代言。除了通过地毯式轰炸提高品牌的知名度,要想提高品牌美誉度,还得依靠别的招数,比如说请歌星、影星、体育明星之类代言,这种常规方法可口可乐在用,但它还另有绝招,就是让历任总统为自己代言。历史上有多任美国总统都说自己是可口可乐迷,比如杜鲁门、艾森豪威尔、肯尼迪、卡特、克林顿等,他们常常在媒体的镜头前喝可口可乐。如果你以为这只是媒体"无意中"抓拍到的镜头,就太天真了。有证据表明,一切都是有意为之。

而可口可乐的代言人里还有一位超级大腕,几十年来都没换过,他就是圣诞老人。这个经典形象是可口可乐在1931年的圣诞广告里塑造出来的。圣诞老人的红棉袄,就是标准的可口可乐红。

我们现在看到的IP(知识产权)营销,在可口可乐时代就已经出现了,只是现在的玩法更丰富了。类似熊本熊、三只松鼠、江小白等都在通过自身独特的IP风格,赢得自己的用户。

品牌营销怎么做?无非就是从产品、品牌、营销的角度入手,每一家企业都需要根据自身的现状来规划自己的优先策略,甚至将三个点融合在一起。但它们都围绕一个点在转——消费者。无论是产品、品牌还是营销,出发点和落脚点都在消费者。

这个时代,大众创新、万众创业,不断有新品牌出现,也会有大量品牌消失。大部分企业缺钱、缺人、缺技术,在这样的情况下,企业要如何做品牌营销呢?我想主要还是要回归到品牌营销的基本动作上去:从消费者出发,把产品做好,让品牌有差异化,用更适合自己的方式方法来推进营销动作。化繁为简,抓住核心。这里我提供一个品牌营销的结构(见图1.2)。

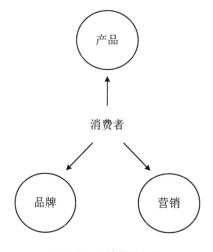

图1.2 品牌营销结构

首先,我们要理解这个品牌营销的结构,这个结构有3个关键的要素:产品、品牌、营销,我们做的每一个动作都在这个结构之内。其次,这3个要素都是围绕一个要素展开的,这个要素就是消费者。也就是说,当我们设计产品的时候要考虑消费者,做品牌宣传的时候要考虑消费者,做营销的时候还是要考虑消费者。最后,一切从消费者出发,最终所有动作再回归到消费者。

什么是消费者思维

品牌营销的起点是消费者,终点还是消费者,所以理解消费者思维是非常关键的事。但是很可惜的是,绝大部分企业都不具备消费者思维,做了很多工作都是"自嗨",自己却全然不知,然后出现各种抱怨、各种麻烦。这就像扣扣子一样,第一粒扣子没扣对,后面的全部得跑偏。要理解消费者思维,我们首先得警惕企业思维(见图1.3)。

我们可以自己对照一下,我们的思维更倾向于哪一幅图?

如果你选择的是"老板眼中的品牌",并且企业的广告、宣传、落地都是这么做的。没关系,你和大部分人的选择是一样的;如果你选择的是"消费者眼中的品牌",并且从一开始就是围绕消费者思考、落地,那恭喜你,你已经超越了很多同行,胜算会大很多。

品牌营销首先就是要具备消费者思维,警惕老板思维,即大部分在关注企业有什么,而不关注消费者要什么,这是非常危险的一件事。所以,在企业还没有开始建立之前,在你的产品还没

(a) 老板眼中的品牌

(b) 消费者眼中的品牌

图 1.3 企业思维和消费者思维

有第一个试样之前,你就要先具备消费者思维:

- 它是什么?
- 解决消费者什么问题?
- 消费者为什么买它?
- 消费者愿意花多少钱?
- 消费者会相信我的产品吗?
- 消费者会推荐我吗?
- ……

如果我们不具备消费者思维,甚至怕麻烦,不愿意去做前期的工作,那么后面遇到的麻烦会更多。比如用消费者思维来看品牌定位。很多企业研究定位都知道要抢占消费者的心智,但是究竟抢占消费者什么心智呢?企业寻找自己的定位,不是无中生有、博人眼球,而是要运用消费者思维。消费者思维,就是要站在消费者的角度看待自己的品牌或产品,把消费者对品牌的已有认知提取出来;一一分辨,找到对企业最有利的形象,然后去强化它。定位不追求新奇独立,而是要找到一个方向,并在这个方向上去聚焦品牌力,更重要的是,如果企业的定位和消费者对企业的认知非常接近,他们就更容易接受。同时企业自己本来的优势也更容易放大。

在品牌营销的过程中,消费者始终都扮演着关键的角色,脱离消费者研究品牌营销更像是无源之水,一切思考从人开始,一切归点亦到人。这也是为什么很多企业始终找不到自己的突破口,因为自己陷得太深,无法从市场、消费者的角度来看待自己的企业、品牌。所以,有的时候需要第三方来协助企业看自己,尽管有的时候企业得到的反馈是"有这么糟糕吗?"

基于此,我希望通过本书的一些方法,能尽可能帮助企业从消费者的视角来看待品牌营销,并通过一些案例、分析提供一些观点和方法,从旁观者的角度协助企业找到品牌营销的核心思考、核心动作,以达到化繁为简、事半功倍的效果。尤其对一些初创企业提供品牌营销的参考,让它们从一开始的时候就能做对一些事。

第2章　立足消费者

立足消费者的基本需求，先存活，再求变。

营销变得陌生了

商业技术的进步，促使我们的商业模式不断升级。我们的判断越来越被感性驱使，自身的需求越来越无法被描述和判断。个性化、定制化、小众市场也应运而生。从互联网"草根"的风口，到消费升级、中产阶级崛起，再到粉丝经济、私域流量。变化之快，让我们感叹生意难做之外，自己还乱了阵脚。不跟怕错过机会，而结果呢？有的企业可能借助"风口"赚到了钱，而大部分企业则被"割了韭菜"。

例如，被高估的"粉丝经济"演变成另一番风景，"粉丝"并非"真粉"，"假粉""死粉"倒是很多。一夜之间好像"网红"多了起来，甚至重新激活了微博，但真的KOL（关键意见领袖）又有多少呢？更不要说带货，有的企业账号可能点赞评论超10万，但是消费者不买单。更多的企业是被带了节奏"被营销"，最后感叹做生意几十年，却突然发现越来越看不清这个世界。借助微信，微商的崛起也让一部分人瞬间逆袭成"高富帅"和"白富美"。我们突然发现朋友圈多了很多生意人,甚至做生意的人比消费者都多。早期的微商是有"逆袭"的,但这并非偶然,而是他们本来就有产品积累,只是通过微商这种模式找到及整合了产品的通路或渠道。而更多的人成为微信推货"达人",今天卖这个,明天卖那个,什么都能卖,最后把自己的朋友圈好友"卖到退出朋友圈"的大有人在。

2020年的疫情,催生了带货主播,正所谓"英雄不问出处",主播带货崛起,人人直播,人人带货。这一轮的热潮背后呢?头部流量主播赚得盆满钵满,而大部分主播没有挣到钱,反倒卖直播设备的人挣钱了。这一轮热潮下,有人欢喜有人忧,而忧的人多半是别人干啥我干啥,什么好卖我卖啥,根本没有自己的思考,更不要说自我定位,生怕"错失机遇"!不懂商业的基本逻辑,更多的只是燃烧自己,照亮他人。

一个接一个的变化,让企业的营销失去了方向,让企业丢失了基本的判断,大部分时候随波逐流。企业不由感叹:营销方式变化得太快,生意越来越难!企业定位不了自己,也更加摸不清消费者。

人群好像不再适合任何标签?
消费者好像变得更加难以理解?

我们现在的消费者变得越来越聪明,互联网的发展让消费者获得信息、获得商品更加容易,企业以前引以为傲的渠道,或者能征善战的老式销售团队已经在逐渐被弱化。企业认为的价值,很可能消费者并不关心。同时,新业态、新模式、新物种不断崛起,在以人为核心的新零售业态下,人、货、场的关系被重新解构,实现了从"扩张为王""渠道为王"的"场货人"到"消费者为王"的"人货场"的转变。一种变化一种可能,我们的思维在不断地被切换着,也在被扰乱着。

面对消费者的嬗变,企业好像越来越难理解。消费者无论在服务方面还是在产品方面,都具有明显的双重标准:服务方面,消费者对于日常需求的满足毫无耐心,要求即刻实现,相反,他们为了喜欢的东西却可以不惜排队几小时;产品方面,消费者比任何时候都精明,他们会理性选择高性价比的产品。但是对于那些符合自己风格和兴趣的产品,又可以不计成本,任性消费。

营销的变化是我们能切身感受到的,而且后面还会随着商业技术的变化而变化。正如我们看到的,营销正在变得越来越数据化、社交化、移动化、个性化、人性化等。每一次延展都会出现不同的方案,营销的世界中出现越来越多的创新,不停地开辟着新的领地。

难怪市场营销要一直不停地创新,这是必然。但是,我们不能让自己被这些杂音扰乱,从而忽视了市场营销最核心的东西,即合适的产品、合适的渠道、合适的价格、合适的宣传信息和合适的营销团队。

市场营销核心的内容一直以来就是这样,从未改变。无论是"得草根者得天下",或是"消费升级,中产阶级崛起",还是"粉丝经济,私域流量破局"等,这些都是在遵循市场营销的核心内容,只是它们换了一件"马甲",我们就失去了基本的判断。同时,企业还受到了很多营销方式方法的影响,在业绩的重压之下,大家不得不做出尝试。

例如,这两年数字化开始兴起,但真正有几个人去认真地了解过数字化,有的行业掌舵人、高管、外请的专家,成了新兴的数据化"大师",他们言必称各种专业术语和缩写词。你肯定听过他们对自己"商业迭代""数据驱动"的见解和承诺。正如杰克·韦尔奇说的那样:"这些自吹自擂的专家中确实有一些非常聪明,他们了解一些重要的东西,但是,另外有很多人却将现今的市场营销弄得像一个极富异国情调的集市,每个摊位都有一个算命先生或舞蛇者,极力想要向你出售一套神奇的高投资回报率的方案。"

在营销的世界,方式方法的变化是常态,但也有着一些不变的基础理论,而这些基础理论构成了营销的核心部分。企业只有抓住了营销中的一些最基本的东西,才有机会抓住营销的实质。这样,我们才能定心、定方向,才能有所为、有所不为,并且能根据企业、市场、技术来综合判断、综合运用,在不变的基础内核下,寻求方式的变化。或许这就叫"万变不离其宗"。

当然,作为大部分的中小微企业主或高管,我们需要面对营销工作或者与之相关的工作,我们的目标并不一定要成为一位营销的权威,这必须具备长期的从业经历,累积丰富的经验(也许过程中还包括犯一些错误)才能做到。但是,既然需要接触到营销工作,不管身处何种行业、何种职位,我们都可以拥有提出恰当营销问题的视角。简单的目标就是,懂营销、知品牌,当与人沟通或者参与相关会议时,能够听得懂、融入进去,甚至可以发表自己的观点。

营销的核心:4P

4P营销理论(The Marketing Theory of 4P)产生于20世纪60年代的美国,由杰罗姆·麦卡锡(Jerome McCarthy)教授提出,它随着营销组合理论的提出而出现。1953年,尼尔·博登(Neil Borden)在美国市场营销学会的就职演说中创造了"市场营销组合"(Marketingmix)这一术语,其意是指市场需求或多或少地在某种程度上受到所谓"营销变量"或"营销要素"的影响。

1967年,菲利普·科特勒在其畅销书《营销管理:分析、规划与控制》第一版进一步确认了以4P为核心的营销组合方法,即产品、价格、渠道、推广。

产品(Product)。注重开发的功能,要求产品有独特的卖点,把产品的功能诉求放在第一位。

价格(Price)。根据不同的市场定位,制定不同的价格策略,产品的定价依据是企业的品牌战略,注重品牌的含金量。

渠道(Place)。企业并不直接面对消费者,而是注重经销商的培育和销售网络的建立,企业与消费者的联系是通过分销商来进行的。

推广(Promotion)。很多人将推广狭义地理解为"促销",其实是很片面的。推广应当包括品牌宣传(广告)、公关、促销等一系列营销行为。

4P是营销的基本理论,也是营销最核心的内容,可以解释大部分营销现象。营销的各种现象,都可以通过4P得到解释,不会出这个框。至于后来的4C、4R都是随着技术的变化而提出的一些新理论,但这些都源于4P,而且有的时候这些理论可能会对我们产生误导,让我们本末倒置,得不偿失。所以,谈营销一定要从这一基本理论知识入手。

营销的加分项:2P

考虑到营销落地的重要性和现在消费者的需求和竞争需求,除了4P之外,我觉得还有另外的2P也是非常重要的补充,即人员(People)和 包装(Package)。

人员(People)指的就是企业内部营销团队员工。也就是说,员工对营销的成功来说至关重要。如果组织的员工不够优秀,就很难设想营销可以获得持续的成功。换句话说,组织内员工的素质直接影响了营销的成功程度。有时候一流的营销方案遇到三流的执行,效果也会有指数级下降;而一个三流的方案,如果能有一流的执行,也会取得相应的成绩。针对人的问题,通常有两种解决方案,第一种是企业架构起自己的落地核心团队,也就是企业自己要有相关的人才及团队;第二种是企业找到第三方营销咨询公司,解决企业相应的诉求。

包装指的是对产品的包装设计,这是一个"颜值"时代,"颜值"即正义。所谓的"颜值",就是满足这个时代的审美诉求。这里的包装设计主要讲两个方向:第一个是产品的设计属性;第二个是产品的自媒体属性。

设计属性。不同的产品要有不同的产品设计,现在以设计驱动的品牌越来越多了,企业要重视产品的设计"颜值",而"颜值"的本质是物有所值的感官。当我们的品牌能力还不足的时候,其实设计是最直观的形式。例如,中国李宁的设计把中国的文化与运动服饰进行结合,打破大家对李宁品牌的固有印象,受到了市场的追捧。

自媒体属性。产品的包装是产品非常重要的信息呈现。尤其在货架思维中,产品的媒体属性将会更加重要,可以帮助产品获得陈列优势和选择优势,提升产品的销售机会。

对好产品的需求一直存在

产品,从它诞生的那一刻起,就是为消费者价值而生的。它是连接消费者和企业之间的纽带,企业之所以能够进入市场,是因为它能够提供产品来满足消费者的需求,所以我们不能够简单地把价格定位在产品所具有的能力上,产品所具有的能力还是要回到对于消费者所关注的价值的贡献上。

有一个好的产品,不论是过去、现在还是将来,都是市场营销中最重要的一环。即使在今天,大数据、社交网络、搜索引擎优化和价格透明的时代已经来临,中央电视台春节联欢晚会广告的冠名依旧是稀缺资源,有强大吸金能力,因为"春晚"这个产品链接了全球的华人用户。好的产品,一定可以吸引用户。

营销中最基本且最重要的一点仍然是可以改善消费者生活的好产品,这一点永远也不会变。诚然,一家企业可以将自己的产品说得天花乱坠,宣传效果超出其本身价值,但这样的举动将耗费巨大,且不能持续。因为你不可能将一项表现平平、可有可无的产品一直营销下去。唯一的方法就是创造出让人觉得"我想要"的产品。什么样的产品是"我想要"的产品呢?

肖恩·埃利斯在《增长黑客》这本书中就讲了一个关于产品的非常重要的评判标准——这个产品有没有"啊哈"时刻,也就是当消费者使用你的产品的时候,他是否能够从你的产品的使用上获得惊喜感,这种惊喜感就是"啊哈"时刻。而创造"啊哈"时刻最重要的方式就是创新。书中以全球最大的共享住宿和体验酒店爱彼迎(Airbnb)为例。刚开始爱彼迎将纽约的一些空置房间放到订购平台上,然后通过宣传让大家线上订房,但是效果并不好。于是他们就查找原因,他们发现很多客户在看到房东提供的照片时，就没有再往下进展。最后，他们总结是房东拍的照片并没有吸引消费者，所以爱彼迎自己就请了一批摄影师到这些房东家拍照片，然后放到网上，果然这些精美的照片吸引了很多消费者，也最终促成了订单。这个例子中的"啊哈"时刻，就是在当消费者浏览照片时，他们发现了非常多有趣、漂亮、温馨的场景照片，促发他们进一步探索的兴趣——原来还可以这样住宿，而且这些住宿不同于千篇一律的酒店，充满了生活气息。

其实乔布斯时代的苹果就是有一个非常多"啊哈"时刻的产品，比如带一个 home 按键的 iPhone 手机，可以装得进一个档案袋的 Mac 电脑，以及可以放得下 1 000 首歌的 iPod。当这些产品出现的时候，很多人都会惊叹，原来产品还可以这样设计，这样玩。

通俗地来理解什么是一个好产品，或者说产品是否具备"啊哈"时刻，就是要理解产品解决了消费者什么问题，让他对这个解决方案很惊喜，也很喜欢。这是企业要不断创新的动力源泉。无论在哪个行业中，最好的营销手段总是始于产品的研发环节。营销的第一步是对现有产品进行不断改进或发明让人无法抵抗、欲罢不能的新产品，赋予它们真正有意义的特点和长处。这一点在 100 年前是真理，在今天是真理，再过数十年也仍然会是真理。

好产品是企业吸引消费者、提升消费者满意度和协助品牌传播的核心工作，把产品做好始终是企业要聚焦的工作。正所谓水能载舟，亦能覆舟，消费者和企业打交道最多的环节就是产品，只有不断地提供让消费者更满意的产品，才能保持企业在市场竞争中的基础优势。

无论企业如何推进自己的营销计划或营销策略,最基础的工作还是先要把产品做好。在产品面向消费者前,企业要探寻真正有意义的产品问题,如：

- 我们销售的是表现平平、可有可无的产品,还是让人觉得"我想要"的产品？
- 我们营销产品的表现是"还不错"还是"棒极了"？
- 我们如此大力推广是不是因为我们产品的吸引力不够？
- 如何改善及以及提升我们产品的吸引力？

当然,即使这些问题的答案不是那么让人安心,企业也仍然可以继续努力,施行你的营销方案。但是一定要确保你和你的团队在这之后马上回归最原始的步骤,即开始讨论产品这个排在第一位的"P",因为它是最重要的。

不过,这个时候有一个非常隐蔽的陷阱。就是很多人觉得自己的产品很好,但是卖不掉,所以自己心里很不平衡。要回答这个问题,企业首先问一下自己：我们真的分得清楚消费者的需求吗？还是这个需求仅是我的需求？

我们分得清消费者的需求吗

提出"营销近视症"的哈佛大学营销教授西奥多·莱维特

(Thedore Levitt)曾这样教导他的学生:

人们其实不想买一个四分之一英寸①的钻头。他们只想要一个四分之一英寸的洞!也就是说,消费者真正需求的是一个洞,而不是一个钻头,甚至不是四分之一英寸的钻头,只要能解决消费者对四分之一英寸的洞的需求也可以。

比如,夏天到了,很多人就会想蚊香的需求会很大,因为你觉得消费者需要你的传统蚊香产品,而且你想当然地认为你的蚊香有性价比高、包装精美、没有烟雾等优点,所以你一直觉得自己的蚊香产品很不错;然而如果你去洞察一下消费者,才会发现他们不一定需要蚊香,他们只是需要方便安全地驱赶蚊子。也许是电蚊香,也许是能驱蚊的植物,还有可能是个漂亮的蚊帐。所以,我们要清楚消费者的真正需求是什么,以此来提供解决方案。

想要发现消费者真正的需求,需要我们具备洞察力。如果我们不具备洞察力,或许我们并不能了解消费者真正的需求是什么,或许解决的仅仅是一些"伪需求"。伪需求是消费者可有可无的需求,不关乎消费者的核心利益诉求。所以我们要理解什么是洞察力,并且培养自己的洞察力,往往这样的洞察力就是商业的关键所在。

那什么是洞察力呢?

有一则流传已久的案例。1964年的《中国画报》,刊登了大庆油田的铁人王进喜头戴大皮帽,身穿厚棉袄,顶着鹅毛大雪,握着钻机手柄眺望远方的照片。他身后散布着高大的井架。这张

---

① 1英寸=2.54厘米。

照片所蕴含的铁人精神感动了整整一代人。

这张照片说明什么问题呢？

有人说，你看，这照片拍得真好，我都被感动了，这不叫洞察，也不叫观察，这只能叫观看。有人说这帽子好像是哪个厂生产的，钻井是某某年的什么型号，有一点观察的意思了。那洞察是什么呢？日本的商业情报专家做到了。他们根据照片上王进喜的衣着判断，只有在北纬46度到北纬48度的区域内冬季才可能穿这样的衣服，由此推断大庆油田位于齐齐哈尔和哈尔滨之间，并且通过照片中王进喜手握手柄的架势推断出油井的直径，从王进喜所站钻井与背后油田间的距离和井架密度，推断出油田的大致产量和储量。有了这么多准确的情报，日本人迅速设计出适合大庆油田开采的石油设备，当我国政府向世界各国招标大型油田开采设备设计方案时，日本人一举中标。

具备洞察力的人，总是能捕捉到商业机会。而洞察的原点始于消费者，从消费者的利益点出发，把控消费者心理，懂你说的，更懂你没说的。奥美董事长马克·布莱尔（Mark Blair）说："洞察其实是一些你见过的东西，但你会突然第一次发现它如此重要。"

有一个手机应用程序，名字叫KEEP，它通过提供线上丰富的运动课程，引导大家参与运动、健身。显然，大部分人运动或健身最大的挑战就是自己的"懒"，如果KEEP天天和大家说健身需要坚持，或许很多人听了并不能引起共鸣，因为这是大家都知道的事。但是KEEP是这么说的："自律给我自由。"它洞察了那些真正喜爱运动或健身者的情感共鸣，因为只有真正通过自律来运动和健身的人，才能够感受到运动和健康带给自己的好处。

再比如，"孩子学钢琴，赢在起跑线"不是来自洞察，"学钢琴的孩子不会变坏"才是来自洞察。二者区别在于"不会学坏"才是父母真正在乎的东西。开书法培训班"让孩子把字写漂亮"不是来自洞察，"写好字得到卷面分，能让孩子通过练字安心学习"才是来自洞察。我们做产品设计时，一定要了解客户的真正需求是什么，这样我们的产品出来才能直指核心，打动消费者。

那么洞察力是怎么来的呢？

洞察力的起点是观察，找到消费者真正想要解决的问题是关键所在。维珍航空公司的理查德·布莱森（Richard Branson），就是因为体验了极其糟糕的航空旅行，洞察到了糟糕的航空体验给人们带来的恶劣的旅行体验，于是创立了以服务和体验为中心的维珍航空公司，开启超级经济舱的时代，告别行业价格战，一举奠定了行业的地位。

好的产品一定是基于对消费者的洞察，洞察就需要发现消费者真正的用意所在。如果你想拥有洞察力，一个基础工作就是去体验。观察是积累量的工作，洞察是质的改变。洞察力来自观察，而观察需要体验和调研。大多数的观察都是必需的，洞察力往往来源于一颗不肯满足的心。

从观察到洞察消费者需求有没有一些具体的方法？

调研其实就是一个非常重要的方法，我会在接下来的章节中详细说明。这里，我先来介绍10种方法，来帮助企业做好消费者

第2章 立足消费者

核心利益的洞察工作。

杰夫·戴尔、赫尔·葛瑞格森和被誉为"颠覆性创新"之父的克莱顿·克里斯坦森合著的《创新者的基因》一书中是如此详述"观察"的——在观察消费者的时候,你必须问以下的10个问题,这样才可以更好地了解他们想要完成的任务,并且更好地了解你可以提供什么样的产品或服务,让消费者更好地完成任务。

① 消费者如何意识到自己需要你的产品或服务？有什么办法让消费者更加轻松简便地发现你的新产品或服务？

② 消费者使用你的产品或服务的真实用处是什么？消费者购买你的产品或服务是为了完成什么任务？

③ 消费者最终决定购买一个产品或服务的时候,最看重的产品服务特性是什么？（如果各项特性得分加起来为满分100分,消费者会如何为他看重的各项特性打分？）

④ 消费者是如何订购你的产品的？有没有办法让消费者更加轻松简便或者省钱地订购你的产品？

⑤ 你是如何运送你的产品或提供你的服务的？有没有更为快速便宜的不同方法？

⑥ 消费者是如何为你的产品或服务付款的？有没有更为轻松便捷的方法？

⑦ 在试着使用你的产品的时候,你的消费者碰到了什么困难？他们的操作方法是否出乎你的预料？

⑧ 使用产品的时候,消费者需要什么样的帮助？

⑨ 消费者使用产品或服务的方式会不会影响产品或服务的

寿命或可靠性？

⑩ 消费者是如何修理、料理或丢弃你的产品的？有没有更为轻松简便的办法？

只有通过不断地站到消费者的立场来问自己，我们才能创造出更接近消费者想要的东西。

警惕"自嗨"的产品陷阱

我们的产品真的很好吗？还是"皇帝的新装"，自己给自己看，自己跟自己"嗨"？很多在企业做产品的朋友有这样的苦恼：

我的产品更好，为什么投入市场卖不动？

我的不合格产品控制到负率，回购率却特别低。

产品包装令人眼前一亮，摆在货架上消费者却熟视无睹。

……

如果有这些情况，企业则很有可能已经掉入"自嗨"式营销的陷阱。我们经常会遇到这种陷阱，在第一章中我也曾提过这种陷阱，这种更多的是企业"内部思维"的陷阱。习惯性从企业内部角度不断地生发产品想法，有时候会忽略消费者需求，更不用说考虑到市场的竞争因素。

随着商业社会的不断成熟，绝大多数需求已被全方位地得到了满足。现实中很多同一需求被无数品牌满足，比如在电视领域，有海信、康佳、小米、海尔等很多品牌同时抢占市场份额。有的时候产品细分品类的争夺并非我们想的那么简单。比如某品牌用现金砸出几十亿投出的冰泉，从产品角度来看，包装、品质、质量、营销应该都没得说，但是为什么它就没有办法在高端矿泉水品类中占据主导地位呢？在传统营销观念中，只要企业自己的产品比竞争对手的更能满足用户的需求，它就能创造用户，并且建立一个新品牌。其实不是这样的。

品类市场不是一块任人切割的蛋糕，某品牌冰泉在市场竞争中没有占据高端品类主导地位的本质不是产品不够优秀，也不是外界传扬的品牌跨界。问题的核心就在于消费者需求已被其他品牌充分满足，他们凭什么接受5元一瓶的高价新产品？如果企业无法给出让消费者高价购买理由，失败是可以预见的结局。正如第一章所说的，产品开发一定要有一个让消费者买你的理由，而且这个理由不是企业自己定义出来的，而是消费者选择出来的。

从进口高端的依云到国产高端西藏5100，从定价1元的康师傅到锁定2～3元价格的怡宝、农夫山泉、百岁山，基本实现了从大众到高消费人群全面的覆盖。与此同时，中国又不乏认知高势能的水源地，从西藏的雪山矿泉到东北的长白山、千岛湖等。这个时候，企业在产品的选择上一定要有充分的考虑，开弓没有回头箭，不是我们认为的就是可行的。

在竞争充分的今天，企业新品进入任何领域的市场之前，都必须对竞争环境作出准确的判断。很多领域的产品竞争格局早就固若金汤，企业家必须直面"需求是有限的"和"竞争是充分的"两大现实。营销的世界里没有童话，消费者不会为匠心而感动，只有血淋淋的你死我活。如果换个时间维度，假设某品牌冰泉早在农夫山泉崛起之前就进入市场，抢占3～5元高端市场，与1～2元纯净水品牌形成错位竞争，满足不同需求，或许就不是这样的结局。

在营销中，老板切记不要习惯性地站在企业的角度去思考营销问题。这样很容易从原料、工艺、技术、服务、产品、企业实力、经验方面得出"自以为是的竞争优势"。在这时候，他的自信导致思维模式已经与消费者形成了对立。因为在企业家的眼中，自己的产品就像自己养大的孩子，从哪个角度看都觉得比别人家的好。对消费者思维的不了解，逐渐会演变成营销决策中的一个个障碍。错误的品牌延伸、错误的产品选择也会让品牌营销困难重重。企业的产品不仅要有全局观念，更要有消费者认知的观念，不然产品也会遇到问题。很多企业会错误地认为品牌在某一领域已经取得了社会的认同，就可以无所顾忌地延伸到其他领域。金嗓子在2016年高调推出植物草本饮料，"保护嗓子用金嗓子"这一口号让广西金嗓子喉宝已经深扎消费者的心智，金嗓子这个品牌随即成了"嗓子不舒服时的第一药品选择"。但品牌把产品延伸到带有明显休闲性质的草本植物饮料领域，就是内部思维。这个产品是从企业内部角度出发设计的一款产品，认为金嗓子保护嗓子的知名度高，就可以搭车做一款草本植物饮料来卖，而忽略了消费者心智中对金嗓子品牌是药品品牌的认知。金嗓子作为保护嗓子的非处方药,当消费者看到这个产品时会怎么想?如果听品牌名就会感觉到一股金嗓子喉宝的味道,那么为什么身体健康的消费者要选择一个带药品性质(认知上)的饮料?

这种案例还有很多。很多企业习惯从品牌资源角度去做产品决策,想当然地推出跨品类新品。自己觉得没问题,可实际上消费者不那么看。这是企业在推出产品过程中要避免的"自嗨"坑。"自嗨"往往都是从我是谁开始的。

定价的平衡与决策

定价不仅关乎企业经营的核心利益,也关乎产品在市场竞争中能否胜出,还关乎参与销售人员的利益。所以,产品定价是企业的战略问题,也是营销中重大的决策!然而很多时候定价却没有得到足够的重视,企业往往都是试试看。

价格设计决定了有多少利益和资源可以分配以及如何分配,这是营销的重大决策。价格还决定了营销模式,以及营销投资和利益的分配。举一个简单的例子:同样是复合维生素矿物质片,安利纽崔莱、黄金搭档和施尔康等品牌的定价策略是完全不一样的,因为这三者分别涉及直销通路、商超通路和药店通路。不同的产品定价,就会直接影响营销模式的选择、产品价值的定义以及销售者的利益分配。所以,定价是企业基于市场而做出的战略选择,这是营销非常关键的决定。在营销中不仅有消费者利益、企业利益,还有销售者利益,只有这三者利益得到满足,才构成营销行为。

如何给产品定价

先看个例子,来了解一些产品背后的定价逻辑。价格决策是某款凉茶产品成功的一个关键点,如果不是高于 3 元的定价,这款凉茶根本没有资金支撑巨大的广告投入,其营销模式就不能成立。假如当初定价是 2 元,可能根本不会有市场神话。当然这款凉茶之所以能定 3 元,是因为当时市场上没有同等类型的产品牢牢占据这个价格区间。如果换到现在,再有一款凉茶出来,然后定价到 3~4 元,估计也很难占据大额市场。定价是一件需要统筹考虑的事,如果定高了,或许无法达到预期的市场占有率,甚至有可能无人问津,高价格背后是高价值;反之,如果定低了,或许无法有足够的资源在市场中打开局面,这是企业与市场之间平衡的艺术。

那么,企业给产品定价,一般考虑哪些因素呢?一般会考虑 3 个因素:

第一,你想卖多少钱。这是关于产品切入市场哪一个价格区间的考虑。例如,酒的产品很多,价格区间也非常丰富,可以说从几元的到上千元的都有,我们需要做的就是先弄清楚自己要切入的价格区间。

第二,你如何让消费者同意你的产品值这么多钱。简单来说,就是要让消费者感受到你的产品的价值,例如,品牌、品质、包装设计、文化等,换句话说,不是你想定多少钱,就能定多少钱,产品需要值这个钱。验证产品值不值最好的方式是,消费者愿不愿意掏钱买。

第三,你选择哪些销售者以及如何和他们分配这些钱。当解决完第一个和第二个问题,紧接着你就要思考通过什么方式及渠道将这件产品卖出去,中间有哪些人在协助你做这件事,以及要考虑如何来分配中间环节的钱。

对于企业来说,价格是营销模式问题、利益分配问题、销售政策问题;对于消费者来说,价格并不是消费者为获得商品价值付出的成本,价格常常就是价值本身,价格就是价值!为什么有的东西越贵越有人买呢?我们经常能看到同样品质的东西不同品牌的价格差几倍。价格不贵,人何以贵?给产品定价的决策,首先不是消费者的承受力——不同的消费者有不同的购买理由,就有不同的承受力。价格问题太微妙了,妙不可言。

营销之难,在于你真正掌握营销方法之后,你会发现,最难的就是定价。也没有一个从不出错的定价方法,可以让你给自己的产品和服务定下恰当的价格。事实上,当我们不知道如何定出价格的时候,任凭我们坐在办公室没完没了地讨论,估计也很难达成共识,因为我们不太可能靠感觉或猜测来定一个价格。但这并不要紧。关于定价问题的争论有益于揭示关键的战略性问题。我们想要什么样的消费者?我们是不是制造了太多大同小异的产品?我们定位的市场范围会不会太狭窄?这些问题的背后都会让我们对产品有更深入的思考。

除此之外,我们还可以用测试法进行定价,即将定完的价格放到市场上,再根据市场的反馈来让价格浮动。价格测试并不困难,而且很快就能得出结果,成本一般也不高,而且它能给你带来新的、强有力的价格灵活性。

线上代销平台 RealReal 就是一个很好的例子,它的销售范围包括女性高级服饰和珠宝。RealReal 在很多方面都表现出众,而其表现最佳的一个方面就是它会持续追踪消费者数据,从而根据供求情况来动态地调整价格。比如,一条连衣裙在上午 11 点上架,标价 360 美元,到了下午 1 点的时候,浏览量达到了 700 次却没有一个人购买,这时它的价格就会下调一个比例,比如 8%。对于每种货物的价格,每一天甚至每天的不同时间段,网站都会有不同的计算方法。而且这些计算方法也会根据之前测试所得的结果不断进行自我调整。

当然,价格测试并不是说把企业的产品直接放到市场中,希望通过消费者的反馈来定出合理的价格;而是企业首先要清楚地知道自己产品的定价范围,然后再去进行测试。因为产品的定价直接关联到企业的经营、品牌、渠道等一系列事情。定价就是要通过价格的方式,来平衡这一系列事情。所以说,产品定价是一件非常"艺术"的事。需要企业做到知己知彼,还要平衡好消费者及企业内部需求。

选择适合的渠道

渠道的本质是什么?当谈到渠道的时候,企业要考虑的问题并不是我们通过多少渠道来吸引消费者的注意力和购买欲望,而是我们应该选择哪些渠道才能卖出最多的产品而获利。企业与渠道的结合能力至关重要。渠道代表着一个企业营销的水准、宽度以及这个企业营销所覆盖的面积。事实上很多企业在产品质量水平上已经非常接近,但是在渠道能力上却相差很远。这也慢慢地拉开了企业之间的经营能力。

只要有商业交易,就需要有渠道。

在互联网技术背景下,渠道创新与多元,更加凸显出渠道的影响力,所以营销如果不能够驱动渠道,企业就不能够获得持续市场能力。每个时代都需要渠道,有的时候只是选择的不同罢了。比如酒行业,人们都说"酒香不怕巷子深。"喝酒你得进酒馆,酒馆就是渠道。只是在产品为王的年代,产品的信息流通不畅,一个地方的人并不知道另一个地方的产品信息。如果我们能够掌握渠道就能赚到钱,中国很多20世纪80年代下海经商的人也正是通过掌握渠道来获得自己的第一桶金的,一是进货渠道,另外一个就是出货渠道。

在渠道为王的时代，渠道的重要性就越发明显了。企业通过对市场终端的占领，来逐步构建起自己的营销网络。在中国渠道做得最好的企业，娃哈哈绝对算一个。用一句形象的话来说："做到了中国的每一个毛细血管"。娃哈哈的渠道营销策略很简单，只要有人消费的地方就要有娃哈哈。不仅是我们常见的商场、超市、便利店，甚至连旅游景区的小摊点都需要有。企业不仅在产品铺货上尽可能渗透每一个地方，而且也尽可能地占领每一个广告宣传渠道，以此来增加自己的渠道能力。可以说在渠道为王时代，渠道建得越好，挣钱越多。

随着互联网的高速发展，消费者对产品的了解越来越简单，同时消费者获得产品的方式也越来越便捷。这个时候是不是渠道就不重要了呢？同样重要，只是你的渠道从线下转移到了线上，从超市货架转移到了社群营销，从卖场推销员的售卖，转向了网红主播的带货。形式虽然在变化，但渠道的价值和重要性始终都存在。

从营销的角度来说，每一件产品出来，要么是让消费者向我们买，要么让销售者替我们卖。尤其在互联网营销时代，融合正在加速，商业端和消费者端的界限越来越模糊，很多消费者端的消费者也是经营者，而让消费者替我们卖产品就是我们的渠道策略了，例如"拼团""种草"。渠道的设计会根据企业的不同特点来规划，有的企业适合分销，有的企业适合直销，也有的企业是多销并举。但不管如何，最根本的还是企业要抓住自己的核心渠道，而不是一看到自己的竞争者通过各种销售渠道铺天盖地地推广它们的产品时,你很容易就开始考虑你也应该和它们一样,将自己的产品推得满世界都是,以保证自己不被淘汰。企业不仅要考虑到自己的知名度和市场占有度,也要考虑渠道的价值,好的渠道建设永远都是必不可少的。适合自己的渠道才是好渠道。

渠道的设计还涉及企业和渠道商之间长期发展的关系,开发好渠道、做好渠道管理,永远是不过时的举措,毕竟我们一家企业的能力有限,只有我们组织、发展更多的渠道商,才能获得更加长久的收益。

做好知名度

讲完了产品、价格、渠道,最后我们要来说4P中的最后一个——推广。当我们的产品差异化越来越小,市场竞争越来越激烈时,推广将是非常重要的突围方法。因为在消费者没有开始对品牌有所关注之前,你说再多自己产品的独特优势,说再多优惠政策都无济于事。很多大家耳熟能详的品牌,都是在推广上做足了文章。

4P理论中将推广定义为含5个工具的推广组合:广告、销售促进、公共关系、人员推销、直效营销。可以说包含了营销传播的全部内容。而这些工具中,广告是我们需要经常用到的手段。

如果作为消费者,当看到广告的时候你好像挺轻松,就是听了一些词、一些话。但是你有没有想过,为什么我们总是能看到某些品牌的广告?为什么我们能记住一些广告的内容?是我们本身就喜欢看广告吗?说句实话,除了品牌和广告从业人员,大部分情况下,消费者对很多的广告信息是无感的,也记不住的。而聪明的品牌总是会总结出有效的广告策略,以便消费者更好地记住它们。

比如广告界的鼻祖——可口可乐,它是怎么做广告的呢?一百多年以前,可口可乐只是美国南部城市亚特兰大的一种地方特色饮料。经过几十年的发展,到二战时,可口可乐已成为美国的国民饮料,并跟随美国大兵的脚步推广到全世界。时至今日,可口可乐的影响力早已覆盖全球,成为世界上最受欢迎的饮品,平均每秒钟卖出 2 万瓶,每天卖出 18 亿瓶。这意味着,全球平均有 1/4 的人每天喝一瓶可口可乐。

对于可口可乐的推广,可口可乐的发明者彭伯顿是这样规划的:"如果我有 25 000 美元,我愿意花 24 000 美元来为可口可乐打广告,再用剩下的 1 000 美元进行生产。"你看,这句话才是可口可乐背后最大的秘密,毫不夸张地说,广告就是可口可乐最大的生命线。后来可口可乐虽然几度易主,但这种极度依赖广告的发展战略一直没变。对于可口可乐来说,品牌营销比产品本身更重要。可口可乐的核心优势根本不是官方刻意渲染的所谓"神秘配方",而是一百多年来持续地不断进行品牌营销的结果。

地毯式轰炸是可口可乐常用的推广方式,正如彭伯顿的推广规划那样，广告可能是推进可口可乐进入人们生活的"不二良方"。除了报纸广告，可口可乐还尝试了当时所有的广告方式，比如免费品尝券、海报传单、车身广告、墙体广告等，而且每种方式都做到了极致。比如，做车身广告，他们就包下了亚特兰大市内所有的电车，在每一辆电车身上印上可口可乐标志；做墙面广告，他们就把整栋整栋房子的墙面刷成可口可乐红。到 1914 年，可口可乐已经拥有了 50 万平方米的墙面广告，以至他们自己的销售人员都承认，"可口可乐的广告牌几乎要把人逼疯了。"

除此之外，可口可乐还发放了数量惊人的日历、记事本、盘子、扇子等宣传品。像 20 世纪 80 年代，可口可乐的 CEO 郭思达就仍然在强调，他们的广告目标是保证全世界每个人每天都会看见可口可乐的标志。

不仅如此，可口可乐还请了很多位总统做代言人，并且创造出了超级 IP——圣诞老人。可以说可口可乐的推广无处不在。

第 3 章 消费者研究

研究客户是做好产品的前提。

产品源于需求，诞生于消费者脑中

产品源于需求，诞生于消费者脑中，这是做产品的核心思维。

很多人会问，产品不都是老板或者市场部想的吗？和消费者有什么关系？如果要做一件产品，从一开始我们就需要明白一件事情：产品源于消费者需求，而不是企业的生产需求。简单来说，不是你有什么就销售什么，而是消费者需要什么你才生产什么。如果你的产品不能解决消费者的问题，或者说某一方面的需求，你的产品可能就会"滞销"，这完全和你的设计如何、产品质量如何、服务体系如何，没有任何关系。

做产品，首先就是要考虑这件产品能为消费者解决什么问题，或者说能创造什么样的价值。正是因为如此，我们的产品设计需要从消费者出发，只有了解消费者想解决什么问题，我们才能够准确地为他们提供解决方案，提供相应的产品。千万不能把自己关在家里一个劲儿地研究产品，而不去了解消费者需要什么,以及消费者对这个产品有什么样的期许。如果脱离了消费者这个主要对象,我们的很多工作可能会收效甚微,甚至南辕北辙。

现实情况往往是这样,很多企业常常会不自觉地从企业的角度出发,根据企业的资源,甚至老板的喜好来做产品,而忽略了消费者真正需要的是什么。你卖的东西不一定是消费者想要的,那还卖个啥?所以我们说,产品源于需求,诞生于消费者脑中,而不是来源于老板的脑中,或企业的工厂。先搞清楚产品的"来源地",我们才能研究如何去为消费者生产产品。

产品切入点

我想我们搞清楚了产品来源地的重要性,也接受产品的核心思维,但是怎样才能把产品和消费者结合起来呢?本章我会一一拆解。这里我想先通过一个案例,来辅助大家理解产品是如何与消费者连接的。

我有两个开中学生书法培训班的朋友,两个人都是书法协会的会员,培训内容是教中学生写字,教学硬件条件也都差不多,但是两个人的招生结果却相差挺大。招生好的抓到了消费者需求,并且以消费者需求为导向来设计产品;而招生不好的,则是从自己的角度出发,而忽略了消费者的真正需求。

针对中学生书法培训,我们先要明白一件事:有的时候我们的产品购买者和使用者并不是同一个人。比如,儿童手表的使用者是儿童,但购买者是他们的父母。同样,这个书法班培训的是中学生写字,但是它的真正购买者并不是学生,而是学生的家长。所以,我们思考问题的时候,不仅要思考这个能为孩子带来什么,还要思考能为学生家长解决什么问题,家长才能购买我们的产品。所以我们需要从中学生家长需求中来提取有效的信息,提供相应的产品,达成购买。

第一步,和学生家长去聊天。

对于学生的家长来说,他们最关心什么呢?通过和家长聊天,有一个非常重要的信息是和书法培训相关联的,即学生的考试成绩有5分的卷面分。抓住这样一个重要的需求点(学生及家长都想拿到这5分,至少不愿意失去),招生好的这位朋友就将自己的产品进行了2个非常重要的卖点设计:第一个是参加学习班不失5分卷面分;第二个是通过练字提升孩子的专注力,有助于提升学习成绩。

第二步,针对需求设计产品。

产品设计不仅要解决培训的基本功能,通过练字提升专注力,还要满足家长的核心需求,即卷面分5分不能丢。做得好的那位朋友把试卷+书法双同步加入产品设计。除了正常的书法练习,他们还会针对学生的试卷书写进行指导和模拟。在招生上也把"考生不丢卷面分"作为主要的宣传点。在案例上除了展示学生的书法作品,还展示学生的试卷书写案例。

我们经常说:"思维一变,市场一片。"如果我们不是从消费者(学生家长)出发,而是从自己的经验和产品出发,很多时候结果是"自嗨"了,但在商业上却没有突破。当然,每个人都会有自己的出发点,如果从培训的角度来说,生源不好的朋友的业务可能更加接近书法培训;而如果从商业的角度来看,生源好的朋友确实在产品设计上更符合消费者的需求。

做产品切忌"我以为",一定要是"消费者以为"。同样的一件产品,面对同样的一个市场,差别却很大,还是要回到原点思考。我们的产品的消费者是谁?他们的核心需求是什么?我们需要做什么才能帮助他们解决问题?企业只有时刻围绕消费者去思考,才有可能做出消费者喜欢的产品。

产品的第一把刀

市面上的产品大致有3类价值。

一类是功能价值。如"有奥妙,没污渍"、"去头屑,用清扬"、"充电5分钟通话2小时,OPPO手机"等,这类产品主打的是产品的功能价值,通过产品特定的功能来满足消费者的需求。

另一类是情感价值。如"海尔,真诚到永远"、"衡水老白干,喝出男人味"等。这类产品通过其所赋予的一种情感,建立和消费者的关联。

还有一类是象征价值。如"百达斐丽,为下一代珍藏"、"钻石恒久远,一颗永流传"等。这类产品一般是品类的一些头部品牌,定位于高端的消费人群。

知己知彼,百战不殆。做产品不仅是企业的事,也是消费者的事,两者要有效结合。怎么来理解这种关系呢?假设我们想做一款高端的白酒，于是乎把产品的定价做得高高的，然后设计一套说辞，对消费者说产品怎么高端（比如核心产区、洞藏十年、酒质一流等）。紧接着推向市场，放到消费者的面前，指望消费者和自己一样觉得这是一款高端白酒，还愿意掏钱购买。结果可想而知，这都是自己骗自己。同样是酒，反过来我们想一下，如果茅台出了一款茅台纪念限量版，它说自己的酒高端，推向市场，放到消费者的面前，消费者会信吗？会。因为消费者早就把茅台认知为高端。

所以，一个初创企业最好从产品的功能价值卖起，而不选一上来就想抓住高端消费者人群。不仅切不动，还容易败北。即使你有想法，也有强大的资金支持，你都需要把产品的功能价值做好，否则，摊子越大风险越大。

产品底层逻辑是解决方案

产品从表面上看是一个物件，但底层逻辑是解决方案。所以企业做产品时，不是单纯地生产一个物件那么简单，而是要清晰地知道这个产品是如何解决消费者需求的，了解清楚消费者的真正需求，并为这个需求提供一套解决方案。

产品源于需求。这里有一个案例。一家快餐连锁企业想要提高自家奶昔产品的销量，于是招募了一些消费者来进行座谈并询问:"我们的奶昔是应该浓一点还是淡一点?奶昔中的巧克力是要多一些还是少一些?我们的奶昔是应该更便宜,还是把分量做得更足?其他哪些方式会让你对我们的产品更加满意?"

接下来品牌根据消费者的反馈改进了产品,结果销量却并没有明显变化。

与此同时,另一批人员开始介入该项目中,他们在一家门店里待了18个小时,对购买奶昔的消费者进行了仔细观察。他们记录消费者每次购买的时间,记录他们同时还买什么,关注这些消费者是独自来的还是结伴来的,在店里吃还是打包带走。结果发现,将近一半的奶昔都是在清晨卖掉的,并且消费者通常只购买一杯奶昔,而且多半是打包带走的。顺着这一线索,研究人员采访了那些在清晨购买奶昔的消费者,得到的回答是,他们面对着一段漫长的行车过程,需要吃些东西来打发时间。这些东西需要满足多重需求——他们并不饿,但是如果此时不吃点东西,就容易在上午10点感到饥肠辘辘。他们行色匆匆,多数时候只能腾出一只手,此时如果他们选择别的食品,例如百吉饼,则容易弄得车里和衣服上都是碎屑。有时候他们会选择香蕉,但又经常因为吃得太快而快速陷入无聊。最后这些消费者发现,一杯黏稠的奶昔和一根细长的吸管正是此时完美的"解决方案"。原来,一杯奶昔的"真实身份"是消费者通勤的最佳伴侣。

你看,如果没有找到消费者真实的需求,就算我们把奶昔做得再好吃、分量做得再足,消费者也不一定会买单。如何找到消费者的真实需求呢?关键是找到消费者买产品到底用来解决什么问题。毕竟,消费者买的不是产品,而是一种解决方案。

无论是奶昔的解决方案,还是前面书法班的解决方案,这些都是通过对消费者洞察研究得到的有效信息,顺着这个有效信息,我们才能为消费者提供更好的解决方案。

如何做消费者调研

做消费者调研是洞察消费者真正需求最重要的工作。俗话说:"没有调查,就没有发言权",说的就是市场调研,然而很多企业的想法都是自己的,做调研通常是走过场、找佐证,能真正花时间天天与消费者沟通的少之又少。

为什么要做消费者调研?除了了解消费者,还有一个重要的原因,就是现在的竞争环境和以前的有很大的不同。如果我们还是故步自封,画地为牢,最终市场一定会给我们教训。互联网有个词叫作用户研究,一些公司还有用户研究部门(简称"用研部"),如果哪一天大家遇到这样的公司一定要多聊上几句,我相信会获得很多干货。相较于市场上大多数的公司从自己的企业、资源、业务出发,这些公司更倾向于从消费者的需求出发。一个小小的出发点,在今天这个飞速变化与迭代的市场竞争中,往往会起到决定性的作用,如同雪球一样越滚越大。

这件事情说起来简单,但要去落地还是非常难的。以前的企业主要以生产端为主,习惯性的思维、固有的经验、已有的渠道、公司的旧架构都是企业突破自己的拦路虎,让改变变得非常难。但是市场是发展的,你若不改变,竞争对手就会让你很难受。这样的例子比比皆是,尤其是互联网的发展,使得线上线下融合,加之物流体系越来越发达,很多新品牌一年的发展就超过了一个同类企业十年的积累;一场直播卖货相当于同类公司一年的营收。为什么会如此？因为这些企业更贴近消费者,更懂得消费者需要什么。

企业的最终目标是盈利,盈利就需要赢得消费者。以前我们可以靠着信息不对称、渠道力量掌控着市场话语权。于是很少去了解消费者,也不会专门去研究消费者,更不会去讨好消费者。但现在,我们需要！

消费者研究方法：定性研究与定量研究

做消费者调研有很多的方式方法,其中用得最多的是定量研究和定性研究,这是为了了解市场、用户需求、竞争对手,最终通过科学依据、判断,为所制定的解决方案提供可行的决策依据。当然,市场调研不是为了获取一堆冷冰冰、干巴巴的数字,它有一个最大的作用,就是绘制一张消费者的心智地图,从而制定出合理、有效的解决方案,以此来设计更能满足消费者需求的产品。

定性研究指在自然环境中,使用实地体验、开放型访谈、参与性与非参与性观察、文献分析、个案调查等方法对社会现象进行深入细致的长期研究。分析方式以归纳为主，在当地收集第一手资料，从当事人的视角理解他们的行为意义和他们对事物的看法，然后在这一基础上建立假设和理论，通过证伪等方法对研究结果进行检验。定性研究强调对问题洞察的深度，用来洞察用户"怎么想"的问题。通过定性研究能寻找到消费者最关心的因素。定性研究大致分为4大类：可用性测试、访谈法、卡片分类、观察法。

定量研究指依靠对事物的可量化的部分进行测量和计算，并对量变之间的相关关系进行分析，以达到对事物的把握。定量研究对一定量的样本进行抽样调查，确定核心因素在目标消费者群体的影响面，从而制定品牌及营销策略。

以上为定性研究和定量研究的学术性解释，我们通过一则故事来消化一下。脑白金的故事，我们听得比较多。据说，史玉柱先生到公园里与跳广场舞的大爷大妈聊天时得知，保健品是他们自己想要，但又不舍得花钱买的。每次一喝完，他们就把空盒子放在窗台上，希望自己的儿女看见后会买。最终，通过这一信息的获得和分析，"送礼"这一核心结论就产生了。那么，"送礼"的核心需求就是定性研究的结果，而通过走访多位大爷大妈来采集数据则是定量研究。

定量研究和定性研究的顺序

在做定量研究之前，我们要做定性研究。因为只有做定性研究，我们找到了关键点，才能带着这个关键点去做定量研究。要知道世界上没有完全客观的调研，所有调研都是主观的洞察。先有假设，再有调研，调研是为了证实或证伪假设，而不是交出一个任务：给我100页数据报告，要有关键性调研结论，结论的优劣取决于我们的调研原则和方式。

消费者研究原则：一切调研在现场。

零距离接触，零距离观察，零距离提问

零距离接触

想要知道消费者想什么，我们最直接的办法就是要零距离地贴近他们，而不是坐在办公室，发些线上问卷，查点资料等。贴近消费者，了解消费者真实需求或痛点非常重要。因为大部分时候，我们都有对事物先入为主的猜想、认知，甚至会根据自己的经验来进行判断，这样是无法知道消费者真正在想什么的。

有一个有名的心理学故事，叫《蘑菇实验》：在一家精神病院里有一个非常奇怪的病人，他经常一个人打着一把伞蹲在墙角。于是很多医生都非常好奇为什么这个人会喜欢打着伞蹲在墙角。有的医生就猜这个人可能心理缺乏安全感，蹲在墙角、打着雨伞能增加他的安全感；也有的医生猜，这个人估计经历过淋雨的创伤，所以打伞来避免想起不好的经历。另外一个医生做了一件事，他也打了一把伞，蹲到精神病人的旁边，然后不说话。过了一

会儿,这个精神病人开口了,他问:"你也是小蘑菇吗?"原来,在精神病人的世界里,他自己是个小蘑菇。如果医生不去零距离接触他,知道他的真实想法,他们可能永远想不到精神病人为什么打着伞蹲在墙角。

在很多的行业,和我们的产品零距离,和我们的消费者零距离,是我们洞察消费者最重要的事情。比如,丰田汽车的高层有一个非常好的传统,他们每年都亲自到4S店蹲点几天,不是给基层员工送温暖,而是在店里观察消费者的购买行为;ZARA的老板每周第一件事,就是打电话给各店的店长,询问店里的情况;阿里巴巴也经常安排高管做一天客服,当小二、接投诉电话。大企业如此,小企业更应该这样做。

零距离观察

观察是我们认知这个世界最重要的方式,同样也是了解消费者最重要的方式。和消费者零距离接触,零距离观察消费者,观察什么呢?观察消费者的注意力、消费过程及消费情绪。比如我是一家开餐饮店的,我就需要从这3个维度来进行观察。第一个维度是消费者对这家餐饮店的注意力。消费者的注意力是非常稀缺的,当某件产品摆在让人眼花缭乱的货架上时,能否吸引消费者的注意力极其关键。第二个维度是消费者的消费过程。这能够折射出你的产品或服务是否能很好地解决需求。第三个维度是消费者的情绪。这直接能反映消费者的满意度。

回到餐饮的例子,我们来看一下如何进行观察。

（1）消费者注意力

首先你要看每天有多少人经过你的店面。通过观察，你能判断店面的位置和人流量如何，是否符合经营的要求。其次，你要看有多少人看了你的店面。这样你能判断你的店面或产品是否足够吸引人。消费者是因为什么看到你的店面的？而许多人经常视而不见是什么原因，是他们太匆忙，还是自己的店招牌设计得不好？这样我们可以从问题中找到解决方向，以提升我们被消费者注意到的概率。最后，你要统计一下有多少人进了你的店面，形成调研的数据。

（2）消费过程

当消费者进店之后，我们同样需要做细致的观察，比如消费者点餐的时间多久。通过点餐时间判断我们的产品信息设计得是否合理，以及消费者是否能通过多种形式来完成下单，以此来提高点餐的效率。

（3）消费情绪

观察哪些产品受欢迎度更高？这些是我们的推荐菜，还是消费者的共同选择？他们大致愿意花多少钱来消费等。这些都会影响到我们的产品调整，以及我们的经营利润。

零距离提问

会提问是消费者研究的核心，企业只有与消费者问答才能找到他们的真正需求。零距离提问不是和消费者拉家常，而是帮我们找到消费者显现的需求及痛点，甚至还要挖掘消费者的隐性需求及痛点。

还记得前面那个关于奶昔的例子吗？我们常规的问题会是"我们的奶昔要做得浓一点还是淡一点？奶昔中的巧克力是要多放一些还是少放一些？我们的奶昔应该更便宜，还是把分量做得更足？其他哪些方式会让你对我们的产品更加满意？"其实这些都没真正帮助企业进行判断，也无法产生有效的提升。只有在现场观察、现场提问后，我们才能找到消费者脑中的答案。

知道消费者为什么要买，比知道消费者对你产品的看法更重要。

会观察、会提问，我们才能得知消费者购买奶昔的真正原因是"他们面对着一段漫长的行车过程，需要吃些东西来打发时间"。这和这个奶昔做得好不好吃、分量多少没有太大的关系。我们能得到这样一个消费者心理诉求之后，我们的产品设计和解决方案就可以按照这条思路去进行了。他们并不饿，但是如果此时不吃点东西，就容易在上午10点感到饥肠辘辘，所以提供一杯黏稠的奶昔和一根细长的吸管正是完美的解决方案。

我们要如何观察及提问，来完成这个调研呢？以下问题供大家参考：

问题1："请问您是第一次来我们店用餐吗？"
问题2："是什么原因选择在我们店就餐呢？"
问题3："您进去之后点餐感觉方便吗？"
问题4："您今天吃的是哪个套餐呢？"

问题5:"您选择这个套餐的原因是什么呢?"

问题6:"您会向您的朋友或同事推荐我们店吗?"

问题7:"如果您要推荐,您会怎么说?"

这样连续观察和提问10组不同的消费者,你就能知道消费者选择我们的原因是什么,哪些因素促成了他们的购买,我们下一步要去做哪些优化,而这些都是基于和消费者沟通中得到的信息反馈。另外,调研报告仅仅提供数据和信息,而不是具体的产品或解决方案。我们要把这些数据和信息进行提炼,形成解决方案,从而设计出产品。

绘制用户画像

绘制用户画像是协助做好消费者研究、找到潜在客户的重要工具。消费者不能简单地等同于用户。用户画像可以简单地理解为已经买过我们产品或服务的人群画像。而消费者是一个通用人群,无论有没有买我们的产品,他们都可以被称为消费者。

用户画像是什么?

用户画像就是用户标签,是根据用户社会属性、生活习惯和消费行为等信息而抽象出的一个标签化的用户模型。构建用户画像的核心工作就是给用户贴"标签",而标签是通过对用户信息分析而来的、高度精练的特征标识。

通过绘制用户画像,我们可以聚焦目标群体,找到目标群体,并且根据这一群体的需求和偏爱来设计我们的产品,最后在他们经常出现的地方把商品展示给他们。这就是我们经常听到的"人货场"逻辑,即先研究消费者,为这些消费者生产一个产品,然后在合适的渠道把产品展示给他们。这个在后面的营销环节中我会详细地说。

为什么要绘制用户画像?

因为在一个消费者成为我们的用户后,我们要记录他的一些信息,比如这个用户的基本信息是什么?为什么选择我们?他的需求是怎么样的?我们为他解决了什么问题等。绘制用户画像会协助我们了解用户的一些共性特征,还会协助我们判断和找到潜在的客户,实现精准营销和提高决策效率。

第一,实现精准营销。

这是最直接和最有价值的应用,我们可以通过用户标签让匹配信息直达用户,实现精准营销。如果没有较为清晰的用户画像,我们可能就像大海里捞针,觉得很多人都是我们的潜在客户,但是绝大部分人仅仅是我们的受众或者体验者,而非我们的购买者。比如,很多人喜欢旗袍文化,是旗袍定制的受众,也可能是体验者,但是让她们真正花钱来定制一件旗袍就比较难了。有了用户画像,我们就可以缩小潜在客户群,实现更加精准的营销。把时间多花在能花钱购买产品的消费者身上才是我们最应该做的事。

第二,提高决策效率。

在品牌营销过程中,各个环节的参与者非常多,比如产品、市场、销售等部门的分歧总是不可避免的,决策效率无疑影响着营销的进度。而用户画像来自对目标用户的研究,当所有参与者都对基于一致的用户画像进行讨论和决策时,就很容易让各方保持在同一个大方向上,提高决策的效率。比如,如果我们今天做一个旗袍文化展,我们可能需要考虑做这个展会的成本及收益,以及评判它和我们的主要消费者群体的关联性。如果这次活动的参与者全部是快要结婚的新人,那么这就是一个比较符合业务发展的活动。当我们有了清晰的用户画像之后,我们的决策不仅在效率上会提高,而且会变得更加准确。

我们应该如何绘制用户画像?我用一个案例来说明。

我有一个朋友是做旗袍定制的,她自己喜欢旗袍文化。但是旗袍这个产品现在确实比较小众,所以不像很多大众商品一样可以有很大消费群体。旗袍在民国时期挺流行的,但是为什么在现在这个社会不流行了呢?这是因为大家穿旗袍的场景没有了,也就是说我们定制一款旗袍,不知道在什么场景下去穿。

我问她:你既然是做旗袍定制的,一定有一些自己的客户吧?

她说:是的。

我:现在找你定制旗袍的客户中,哪类人比较多?

她回答:新娘。

为什么结婚的人会定制旗袍呢?因为结婚的人可能觉得在她的结婚典礼这样隆重的仪式上,自己应该有一件旗袍,就像婚纱一样,有了场景,才有了定制旗袍的需求。

然后我从她回答的一些问题中得到了一些信息,罗列如下。

年龄:20～50岁(其中25～35岁占多数);

场景:婚礼;

颜色喜好:喜庆的颜色(红色、蓝色居多),喜欢带一点刺绣;

价格需求:不需要太贵,2000元左右占比大(价格高了觉得穿几次划不来,低了整体用料和剪裁不行);

再结合她日常定制旗袍的经验及消费者场景、价格需求,我们就可以绘制一个相对比较明晰的用户画像。

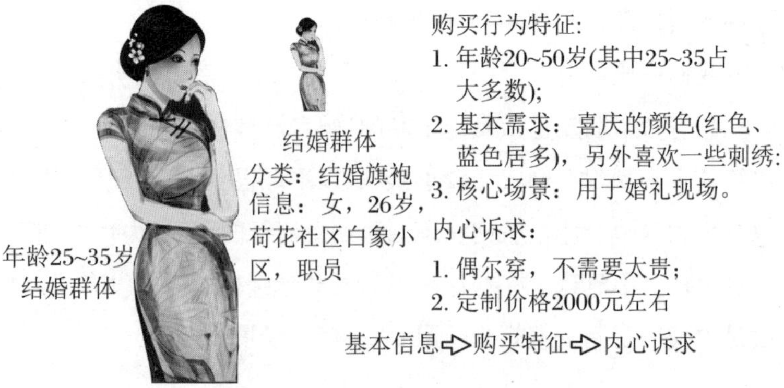

年龄25~35岁
结婚群体

结婚群体
分类:结婚旗袍
信息:女,26岁,荷花社区白象小区,职员

购买行为特征:
1. 年龄20~50岁(其中25~35占大多数);
2. 基本需求:喜庆的颜色(红色、蓝色居多),另外喜欢一些刺绣;
3. 核心场景:用于婚礼现场。

内心诉求:
1. 偶尔穿,不需要太贵;
2. 定制价格2000元左右

基本信息⇨购买特征⇨内心诉求

图3.1 旗袍定制的人物画像

绘制用户画像的常用公式

公式一：AS _____（作为谁），I WANT _____（想要什么），SO THAT _____（为什么想要）。

简单来说：作为谁（这是消费者的角色，如作为一位上班族，作为一位家庭主妇，作为一位学生……），他想要一个东西或解决方案，这个东西可能是一个产品或一项服务，来满足他的需求。

如果套用上面的旗袍案例，这个用户需求描述应该是这样的：作为一个准备结婚的女性，她想定制一件旗袍，2000元左右，准备在婚礼现场穿（婚纱在婚礼仪式上穿，而旗袍可以在仪式结束敬酒环节穿）。

公式二：基本结构绘制3个维度，即用户基本信息、细分人群需求、消费场景。

（1）用户基本信息

如年龄、性别、职业、地域、兴趣爱好等信息。绘制用户的基本信息重点在于找到共性和群体特性。

不是所有的产品都能男女老少通吃，即使有，你也要划分出自己的核心用户群体。年龄段是未来产品划分的重要方向，我们经常听到"70后""80后""90后""Z世代"，每个年龄阶段的人都有自己的认知和偏爱。往后年龄划分间隔可能越来越小，未来的年龄划分可能5年就是1代。不要想着取悦所有人，因为这很难。在信息扁平化时代，没有立场是一件挺可怕的事，这被称为"墙头草"。

(2)细分人群需求

不同的用户群有不同的需求、行为和观点,细分用户群可将问题变得清晰,同时也可作为用户画像优先级划分的依据。我们通过研究去了解用户的需求、行为和观点的差异,构建比较清晰的画像轮廓。例如,养生健康人群可以是横跨20~60岁的年龄段人群,而我们的产品需要细分的人群是哪些?要划分清楚是商务男性,还是瘦身女性;是工作节奏较快、希望保持身体健康的中年群体,还是对中医调理、饮食平衡、日常保健等话题感兴趣的大爷大妈。

除了细分群体的基础需求,我们有时候还要知道一些消费者可能不方便提出的隐性需求。比如老人喜欢一款酒,但自己舍不得买等。

(3)消费场景

这一点非常重要。研究消费者,挖掘需求,提供解决方案,最重要的是放在哪里卖给他们。以前我们经常说的是渠道,而现在大家提场景比较多。这里说的消费场景,就是我们的用户可能需要购买的场景渠道。比如,网易严选和亚朵酒店进行了一个合作。网易严选提供酒店客人洗脸和洗澡用的高质量长绒棉毛巾,客户可以体验,如果觉得喜欢就可以从酒店买回家,满足即刻拥有。这里的消费场景就是酒店,它不同于常规的渠道形式。

又如,很多汉庭酒店现在的接待处都变成了咖啡吧,酒店的住客足不出户就可以喝一杯温暖的咖啡。这些都是消费场景的变化,在未来的很多商业零售中,大家会看到很多这样的消费场景,而这些场景都是为我们的消费者去设计的。

第4章 创造客户

创造客户是初创企业的第一思考要素。

客户,初创企业的第一思考

既然谈品牌营销,我们就要先问一问,品牌营销的目的是什么?

1954年,彼得·德鲁克先生在《管理的实践》(The Practice Management)中谈及企业的目的。他认为:关于企业的目的,只有一个正确而有效的定义,那就是"创造客户"。而品牌营销始终围绕企业的目的服务,所以从这个角度来说,品牌营销的目的也就是要创造客户。延展来说,品牌营销就是要深刻洞察消费者的需求变化,来制定较长期的品牌战略,决定企业的发展方向和目标,并采取一系列营销策略和营销手段来持续获取和维持客户,不断提高现有客户的价值和潜在客户的价值。

客户决定了企业是什么。只有当客户愿意付钱购买商品或服务时,经济资源才能转变为财富,物品才能转变为商品。

品牌营销从零开始,就是企业从零开始创造客户的过程。客户是企业的基石,是企业存活的命脉,品牌营销就是要为企业"创造客户"。而客户认为他购买的是什么,他心中的"价值"何在,就决定了这家企业是什么样的企业,它生产的产品是什么,以及它会不会成功。相反,企业认为自己的产品是什么,对于企业的前途和成功来说不那么重要。说白了,对于一家企业而言,企业想生产什么并不重要,重要的是消费者需要你生产什么,他们想购买什么样的产品或服务。被誉为"现代营销学之父"的菲利普·科特勒也说:市场决定生产。

为了创造客户,德鲁克认为企业的基本职能有两个:营销和创新。除此之外,其他工作都是成本。本书所讲的品牌营销,也都在这两个职能之中。无论是市场营销的方式和方法,还是产品的创新,抑或是品牌的创意与识别,本质上都是为了吸引消费者,创造客户。

总之,企业的整个经营活动一定是始于消费者,并终于消费者的。始于理解消费者的需求,终于为消费者创造价值,达成交换。

理解消费者的需求,管理消费者的需求,这是营销要做的事。而满足消费者的需求,需要靠产品或服务,不仅限于用产品的价值来满足消费者的需求,有时用品牌的价值更能满足消费者的需求。

消费者不等于客户。简单来说,消费者是我们的潜在购买者,而客户是愿意为你的产品或服务买单的人。

从零开始做品牌营销,就是企业从做消费者研究到创造客户的过程。在没有客户之前,我们品牌营销大部分针对市场、潜在客户或者意向客户,只有当他们愿意掏钱买我们的产品或服务时,我们才完成了这个创造的过程。

企业从消费者研究到创造客户的过程是最难的,但这也是企业最需要跑通的商业逻辑。

满足需求,形成偏爱

品牌营销的过程即从研究消费者到创造客户的过程,并且协同去验证我们的商业模式是否可行。那么创造客户的切入点在什么地方呢?以及我们要做到什么样的程度?

满足消费者需求是起点,让消费者形成偏爱是终点。

什么是消费者的需求?简单来说就是解决消费者的一个问题。比如,演唱会突然下雨,你在广场外卖雨伞,你就解决了消费者怕淋湿,需要防水的问题;家长担心小孩子写字不好看,影响卷面得分,你开一个书法班提升学生答卷规范,你就解决了家长要让自己孩子不失卷面分的问题;你住宾馆嫌宾馆不干净,汉庭推出"爱干净,住汉庭",用10项标准工作解决住房洁净问题。再比如,大家喜欢吃火锅,但是又怕上火,所以你看王老吉说:"怕上火,喝王老吉"。总之,我们的产品或服务至少要解决消费者的一个问题,满足他们的需求,这是我们的切入点。

但是，消费者的需求，有的时候是真需求，有的时候是假需求，如果我们只抓住了假需求，这样就很难达到自己的预期，以满足消费者的需求，我们还得发现并满足消费者的真需求。

通俗地说，我们要挖掘消费者的真需求！只有知道消费者某一时期真正需要什么，才能更好地卖出你的产品。成交一定要解决真需求，怎么区分需求？

"我需要"和"我想要"

真需求即"需要"。"需要"的东西，消费者会愿意掏钱，这应该是我们需要切入的事情。

伪需求即"想要"。"想要"的东西，消费者不一定掏钱，不要用太多的时间和精力去关注。

我举一个关于伪需求的例子。有一个人发明了一套车辆防晒、防尘的自动收纳车衣。具体来说，就是在车顶上装一个车衣的自动收纳装置，启动后车衣会将车盖上，关闭后车衣会收起来。然而，自动收纳车衣是一个真需求吗？当然不是，因为大街上跑的这么多车，也没见几个人天天把车用车衣盖上，即使特别爱护车的人也是碰上外出一段时间，才会使用车衣（自己买个车衣，手动盖上即可），不需要在车顶上加一个不太常用的装置。所以，这个需求就不是大部分消费者的真需求，即使有这类需求，他们也可以用更方便、更简洁、更便宜的方式解决。

做生意最大的不幸，就是把自己的喜好当成消费者的喜好，把自己认为有价值的东西当成是消费者最需要的东西。

自动收纳车衣不是真需求，那什么是真需求，洗车是真需求。因为每辆车脏了都要洗，只不过这里面出现的问题是竞争。所以企业会进入竞争阶段。如何让消费者选择我来洗，而不是选择其他人来洗呢？

形成偏爱。偏爱＝选择理由！

形成偏爱不是说消费者天天都喜欢你，而是在众多选择中，消费者觉得你更能满足他的需求。在竞争中，消费者选择我们可能有很多理由，比如服务好、产品性价比高或者品牌能和自己形成共鸣等。无论是哪一种，我们需要做的就是让自己的产品或品牌成为消费者的"选择理由"，选择理由可以是一种信任，也可能是一种能与消费者共鸣的价值。

消费者对产品或品牌都有着自己的认知和偏爱。比如宝马被喜欢车辆操控的受众所偏爱，因为他们选择驾驶的乐趣；买奔驰的男士则偏向体现自己的商务风，他们选择稳重。女士买不同品牌的包同样也有着自己对品牌的认知和偏爱，有的选择实用，有的选择面子，每个人的偏爱背后都有各自的选择理由。没有好坏、对错之分，只是企业要清楚我们满足了消费者的哪些需求，是否获得了消费者的"偏爱"。

偏爱是如何产生的？知名战略咨询机构埃森哲发布的2018年中国经济趋势预测中"立场经济"首次出现，埃森哲认为，在未来的品牌建设中,企业必须在某些社会话题中有自己的立场,并有所行动,承担相应的社会责任。而品牌的立场将会直接带动消费者的消费,因为消费者不仅选择了一个有立场的品牌,同时也选择了这个品牌的立场。态度商品化,这在带动消费的同时,也更加有助于企业的品牌营销。

立场,不是这个也要,那个也要;这群人不得罪,那群人也想拉拢。我们在做策略时,如果没有选择,就反映不出立场,什么都要的后果是什么都得不到。

立场,用比较好理解的词语来翻译,就是价值主张。有一家做袜子的公司,专门为商务男士推出全年198元的黑色袜子定制。它在一年中每一个季节都会为它的客户提供当季穿的黑色袜子(当然,袜子的品质、做工、设计都做得不错),每季提供5双。他们的价值主张是,把时间花在更重要的事情上,袜子交给我们。

立场既不是人云亦云,也不是特立独行、标新立异,而是真正去关注消费者的需求,并形成自己的立场。比如耐克,它的价值主张是鼓励人们勇敢去做,"JUST DO IT"(想做就做),企业在这个价值主张下就可以产生很多立场,诸如"跑了就懂""把球给我"等,都会让消费者形成共鸣和偏爱。一个明确的立场,可以更加快速和近距离地接近我们的消费者,满足精准群体,创造与之对应的客户。

最近几年,人们一直在提消费升级,而我觉得现在更多的是消费分化,消费者不再一味地追求更好的、更贵的产品,而是开始选择更适合自己的产品。所以,所谓的消费升级已经从高下之分升级到左右之分。也就是,没有更好更贵的产品,只有更符合个体的产品,那么在这种形势下,除了产品竞争,立场就显得尤为重要。消费者是否偏爱一个品牌,很大程度上是源于这个品牌的主张与自己合不合,比如符不符合自己发朋友圈的人设。

虽说品牌受到的偏爱需经过日积月累才能在消费者中得以积累,但一个公司确实也可以主动获得一个属于自己的品牌认知——即使你是一个非常年轻的品牌,但在互联网时代,这也将更容易得到。让消费者对品牌有清晰的认知,这就需要企业有立场,"粉丝"这个词就是从"价值主张共鸣"开始的,我们称之为早起的核心用户或种子用户,他们的认可、接受、协同让企业可以获得初期的客户,并在互联网的助推下,进行分享传播,进而增加影响力。很多网红产品的诞生就是这样演化而来的。比如,前两年出现了一款"丧"茶,这个产品并没有多大的特色,但是"丧文化"却引起了很多人的情绪共鸣,因为在现代社会的压力之下,大家给自己贴上了"丧"的标签,所以这种茶一出来不仅吸引了很多年轻消费群体,还在互联网上迅速传播开来,随之而来还出现了很多以"丧文化"为元素的奶茶店、糕点店甚至文创产品。

故宫本来是景点,但是故宫文创把厚重的历史与现代文化进行了结合,开创了诸多爆款商品,比如故宫口红。原来故宫也可以很"潮",这就是立场!

总之,如果想从满足消费者需求到让消费者形成偏爱,尤其是在竞争日益激烈的环境中,企业不仅需要思考清楚如何给消费者一个"喜欢的理由",即消费者偏爱我什么?更要思考清楚自己的定位,以及能给消费者带来的核心价值是什么。

我们不要指望消费者会忠诚于企业,反而是企业要时刻思考如何忠诚于消费者。

忠 于 客 户

企业要时刻忠于客户,这样企业才能满足客户的需求,创造客户。如何才能让企业保持时刻忠于客户呢?

使命,企业的使命。

使命是什么?使命就是我们的企业在整个社会中的责任与任务。今天,或许我们的很多初创企业还是想着生存、发展,还没有太多的精力去管企业的使命是什么。如果一定要回答自己企业的使命是什么,他们可能回答:挣钱!

其实,任何一个小的个体或者初创企业,都需要去解决消费者的问题,才能挣到钱。扎克伯格有次来中国时说:"你要想着解决问题,而不是想去开一家公司。很多人在没有想好解决什么样的问题之前就开了公司,在我看来这在硅谷是一件很疯狂的事。"

小公司解决小问题,大公司解决大问题。无论是个体还是企业、组织,只有先解决问题,才能获得收益。越是清晰的企业使命,越能创造与之相应的客户。因为有清晰使命的个人组织或企业都代表了某一群体的利益,越可能能引起一群人的价值共鸣。

例如,提升消费者的健康品质,这就是蒙牛的企业使命中的一条;让一千家小微企业拥有自己的法律顾问,是三个律师的企业使命;让剪纸这门手艺传承下去,是一位非遗传承人的使命。

有人会说企业使命不就是挂在墙上的口号吗?其实不然,不同的使命,造就了不同的企业前景。柯林斯在《基业长青》一书中说:"所有基业长青的企业都是有使命的企业。我们不是要建立一个基业长青的公司,而是要建立一个对社会来说,值得基业长青的公司。如果我们明天消失了,社会是否因此若有所失?"

使命从哪里来?彼得·德鲁克说:"一个社会问题就是一个商业机会,巨大的社会问题就是巨大的商业机会。"企业是社会的器官,企业只有解决社会问题,才能获得存在的价值。企业的本质是为解决社会问题!

社会不需要,企业就不能存在,要保持基业长青,企业就要保持被社会需要。说到底就是要保持被消费者需要。大企业要经常问自己,如果哪一天我们消失了,社会或广大消费者是否因此若有所失?小企业也要问,如果哪一天我的服务停止了,我们的客户是不是会若有所失?

创业者需要明确地回答一个问题:"我们存在的意义是什么?我们为什么能存在?"企业能否存在不是由企业自己决定的,而是由企业所处的环境决定的。也就是说因为有了社会的需求,你的企业才会存在。企业能否承担这个任务,取决于它能否找到自己的社会分工,或者定位一个社会分工。

我们要常问自己,这个社会还有什么问题?我到底要解决什么问题？以此去找到你的企业使命。人们为什么不能成功，就是在我如何能成功，以及我如何更能成功上面想得太多，在我到底能干啥上面想得太少。

在大众创新、万众创业的年代，不是说每一个企业都一定要有宏大的企业使命，因为使命是要发自内心的，这个和企业的创始人或创始团队有很大关系。很多时候，企业创始人的基因决定了企业的使命和未来。遵循自己的内心去寻找使命就好，但是使命绝不是挂在墙上的一句口号，而是我们内在的动力源。每一个个人、企业或组织在社会中都扮演着各自的角色，创造着价值，解决着相应的问题。即使小到一个个体，其都是社会运转的一个部分，都需要解决问题、满足需求、创造客户，获得回报。

伴随着消费升级，在垂直细分领域中将会出现更多机会，关键的是，企业要思考，我们要解决一个什么样的问题？代表了谁的利益，为谁来服务？如何结合自己的使命，忠于我们的客户，持续地为他们创造价值。

第 5 章　做一款好产品

对于初创企业来说,好产品是获得客户的基础条件。

产品即解决方案

在我们有了使命之后,我们需要完成使命,这个时候我们就需要解决方案,而这套解决方案,我们称之为企业战略,为使命服务。战略具体表现为产品。所以,产品即解决方案。

比如,阿里巴巴的企业使命是让天下没有难做的生意。那么阿里巴巴是怎样来制定解决方案的呢?他们推出淘宝、天猫、支付宝、蚂蚁金服等,这些产品都是围绕企业的使命而设定的。企业推出的每一个产品都是企业使命的解决方案,也是我们经常所说的战略。当我们在看一家企业如何经营的时候,看企业的产品(或服务)就能知道这家企业的战略是什么,它在解决什么问题。伟大的企业使命才能造就伟大的产品。使命越大,责任越大,同时业务也越大。企业的使命不仅是任务,还是业务。

我们拿宝洁举例。宝洁的使命是什么呢?宝洁的使命:"我们生产和提供世界一流的产品,以美化消费者的生活。作为回报,我们将会获得优先的市场销售地位和不断增长的利润,从而令我们的员工、股东以及我们生活和工作所处的社会共同繁荣。"宝洁为了完成获得优先的市场销售和不断的利润增长的使命,制定了著名的"多品牌战略"。它用自己的产品和自己的产品竞争,以占领更多的超市货架和获得更多品类的销售优势。比如在洗发水品类,你需要头发柔顺,我有飘柔;想去头皮屑吗,我有海飞丝;还有潘婷、伊卡璐、沙宣等着呢。消费者想要的宝洁都可以满足。

同时,战略要伴随着市场的变化而变化,不能一成不变。回到宝洁,随着中国人的消费升级,很多的年轻人对像飘柔、海飞丝这样的产品已经不再"有感觉"了,为了适应中国消费升级的需求和更多年轻群体的偏好变化,宝洁的产品也在不断变化,例如宝洁推出的中国首款"衣服香水"产品——当妮留香珠(Downy Beads)。该产品是新概念,与洗衣液一起使用,洗后持久留香。该产品的推出成功改变了目标客户的洗衣习惯,洗衣从此多一步。而这些类似产品的推出,都折射出宝洁在产品战略上不断推陈出新,以满足不断变化的市场。

总之,战略服从于使命,无论我们有什么样的使命,我们都需要解决方案来达成我们的使命,解决方案即战略。战略的具体表现为产品。

开发产品的外部思维

产品开发要尽可能翻译用户需求。

做产品的时候,翻译用户的需求是非常重要的,有时候这就需要一个比较好的产品经理。所以很多人开玩笑说,真正的高手并非一个战略高手,而是一个懂得用户需求的产品经理。打个比方,当两国谈判时,翻译人员就非常重要,因为他既要听得懂对方在说什么,还要用我方语言精准地翻译出来。词不达意会影响到谈判的质量。

产品设计也是一样,需要我们准确地理解消费者的需求,然后把这个需求用产品实现。举一个例子,乔布斯就是一个非常优秀的翻译消费者需求的专家。苹果的 ipod 是怎么被制造出来的呢?在 iPod 发布之前,我们大部分人用的是随身听或者 CD 机,但最大的用户痛点是什么?用户最大的痛点是一盘磁带或一张 CD 中的歌曲太少,如果要听不同的歌需要反复地换磁带或 CD。乔布斯就洞察到了消费者这一个需求,他告诉研发人员,把 1000 首歌放进同一个设备里,他们就去做了。

请注意,"把 1000 首歌放进这样大小的一个容器里"非常具体地翻译了消费者的需求。虽然我们能把 CD 机做得更好看一些,材质更好一些,或者持续地优化声音,但是最后的结果,只不过从外形上或音效上有了改变,实际上消费者想通过一张CD来听更多歌曲的需求却没有解决。而乔布斯做的就是把消费者的需求进行了精准的翻译,然后让研发人员按照消费者的需求开发产品。

对应到企业自己的产品开发,我们也需要准确翻译消费者需求,为产品研发提供支持。翻译消费者需求,是我们需要掌握的一项技能,也是我们开发产品时时刻遵循的外部思维。

产品开发的外部思维,对应的是企业的内部思维。很多企业开发产品往往从自己的企业资源出发:我有什么样的资源或有什么样的设备,我就开发什么样的产品。有时市场营销人员和研发人员并不是同一个人,也没有产品经理统筹,所以我们经常看到生产出来的产品不仅不能满足消费者的需求,甚至企业内部都不能对其保持一致性。

产品开发的外部思维,需要我们遵循两项重要的原则。

原则一:先发现问题,再生产产品

在前面的章节我说过,产品是用来解决问题的,没有问题就没有产品(要不然你就需要创造需求)。这是我们从产品需求到产品研发的关键,这些需求都不是来自企业的内部,而是来自企业外部。比如,消费者对于专车的诉求是安全,神州专车就推出经过审核的专车服务;消费者希望吃到新鲜的海鲜,盒马鲜生就将海鲜店开到你的家门口,而且还可以在里面吃;消费者希望产品既要好,还要便宜,所以 Costco 说,我的综合盈利不会超过 14%,要把利润让给消费者。消费者可以在 Costco 闭着眼睛买,所有产品都是市场最低价,便宜到超乎想象。这些都是企业的外部思维。这跟我们有什么样的厂房,什么样的生产线都没有太大关系。如果还没有发现需求,或者没有创造需求,最好先啥都不要干。

海底捞是很多人都熟悉的一个品牌,大家对海底捞的认识是火锅店。但是海底捞仅仅是火锅店吗?海底捞是怎么开发产品的?有一部电影叫《超时空同居》,这部电影有一张很有意思的剧照,就是徐峥演的海底捞员工上门去做拉面,这是海底捞的一项外送服务。因为消费者希望能够在家里吃火锅,所以海底捞就开通了外送服务,不仅开通了外送服务,连火锅的器具和火锅底料都卖。因为配送火锅食材需要包装得比较讲究,所以海底捞又开发了物流配送。看到大家喜欢在吃火锅的时候点一些黑啤,海底捞又开发了自己的黑啤。最近,海底捞还推出了筷手小厨料包,主打的就是小龙虾佐料包。当海底捞发现,对它最大的挑战是越来越多的人开始点外卖、在家做饭了,堂食的生意面临的压力在增加,基于消费者消费习惯的变化,海底捞也在不断地用外部思维丰富自己的产品策略。

原则二:保持产品开发团队的一致性

要想保持产品开发的一致性,首先要保证人的一致性。比如安排一名产品经理从这个产品的调研、设计,再到研发生产以及市场销售,都全程参与;其次要保障一个项目组的一致性。一个产品的推出涉及的人员会比较多,也会伴随着不同的问题,所有人员要统一目标、统一思想,才有可能避免部门间的偏差;最后,如果能达到公司级一致性更好,各部门协同围绕同一件事去开展工作。

产品的卖点不等于消费者的买点

不可否认,每个产品都有其价值所在,哪怕是一张纸,都可用来写字涂鸦,这就是它体现价值的地方。很多产品不是说它本身缺乏价值,而是很多企业或产品经理错把那些表面的产品属性当成了消费者想要的价值,比如一款西装"选取优质材质,精心制作",这些卖点,相信每个生产和销售衣服的商家都可以这么说,请问你的产品最突出的"购买理由"是什么?

很多时候,我们一直在说自己的卖点,但没有说消费者的买点。这就是价值挖掘切入点错误以及提炼不精准所致。在产品购买理由的提炼上,不仅要有产品的卖点,还要有消费者的买点。比如一个面膜产品上印着"有机桑树蚕丝面膜,富含18种氨基酸。"虽然这是产品的卖点,但是消费者看了可能一头雾水,18种氨基酸是什么?有机桑树是什么?这跟我有什么关系?对我有什么好处？没有消费者的买点。这其实都是站在企业的角度，表达着企业的产品独特性——企业想说自己的独特性是我的面膜是从桑树上提炼出来的，有18种氨基酸，别的面膜没有。但这只是提炼了产品的独特优势，却没有提炼出消费者有感知的利益。

那么，应该如何提炼消费者的购买理由呢？可以说："有机桑树蚕丝面膜，富含18种氨基酸，快速提亮肤色，呵护熬夜受损肌肤。"将买点提炼出来，消费者立刻就有感知，以及瞬间有了使用场景。这种表达和消费者的利益挂钩（即快速提亮肤色），也和使用场景挂钩（即呵护熬夜受损肌肤），这两个和消费者利益相关的表达恰恰是消费者可能心动的买点。

产品表层的产品属性（材质、工艺、设备等）并非产品的真正价值或卖点所在，也不是消费者所关心的。这些只能说明你的产品是从工厂生产或加工出来的，并没有告诉消费者，你的产品价值在哪，更没有连接消费者大脑中早已存在的价值认知。当然也就不能唤起消费者的购买动机。

提炼产品的购买理由

那么，如何才能提炼出产品的购买理由呢？又有什么技巧和方法？

产品购买理由提炼法：为什么要选_____凭什么说_____

与我何干？

　　为什么要选_____？即引出产品利益点。企业的产品在功能、特征、生产工艺、效果等方面的优势具体体现在哪里？产品的第一特性是什么？产品的最佳应用场景在哪？

　　凭什么说_____？即寻找产品利益的支撑点。这些说出来的产品利益，有什么依据？是空口说白话，还是有佐证的素材？我们要能找到支撑我们产品的佐证。

　　然后呢，与我何干？即深挖出用户核心利益：每一个点能帮用户创造什么价值？带来什么切身利益？解决哪些实际需求？满足什么样的精神享受？

　　比如上文说的面膜。为什么要选它？熬夜伤肌肤，需要一片应对熬夜肌肤的面膜。凭什么说它好？有机桑树蚕丝面膜富含18种氨基酸。与我何干？快速提亮肤色，呵护熬夜受损肌肤。

　　再比如，小米体重秤。为什么要选它？因为它测体重很精准！凭什么说它准？它使用了高精度的传感器，并且选择了坚固、韧性好的锰钢作为传感器的回弹材料，经过严格的生产工艺，打造出高精度G字形传感器。与我何干？体重可以精准到100g！无论你是在跑步、健身房训练，还是逛街、散步甚至从事家务劳动后，都能感知你身体的细微变化，甚至喝杯水都可以记录变化。

　　提炼产品的购买理由，需要企业不断地问自己3个逻辑问题，即消费者为什么要买，他们想解决什么问题？为什么要买我的产品？我的产品第一特性是什么？我能为他们带来的核心价值是什么?

快速优化购买理由的方法

简化产品属性

简化产品的属性,即直接表述产品对消费者的场景利益。如给一款鹅绒被做价值诉求的时候,大多数企业会做一些外在的属性描述:95%白鹅绒被、100支皮马棉……其实,消费者并不会太关心,也不太容易去相信这些,他们只想快速知道和理解重要信息或价值在哪? 简化决策的重要一步就是缩减信息,提升核心价值。这可以改为"柔柔的、暖暖的白鹅绒被,每一觉睡得都好踏实",这样更能让消费者产生价值感和画面感。

设计选择逻辑

以品牌战略公司华与华为田七开发的一款儿童牙膏为例。当妈妈到货架前给孩子买牙膏时,她会怎么选? 妈妈的选择完全是由产品开发者设计的。各品牌设计的选择题有很多,如草莓味、橙子味、史努比图案、白雪公主图案……华与华设计了一道严肃的选择题,只有两个选择:A. 2~5岁,长牙牙;B. 6~12岁,换牙牙。

把牙膏分类到2~5岁乳牙期护理和6~12岁换牙期护理是华与华的首创。当妈妈在货架面前面对2~5岁乳牙期还是6~

12岁换牙期这个严肃的选择题时,其他的选项如草莓味还是白雪公主图案都不重要了。她们会对号入座,按照她们孩子的年龄来,因为这是最重要的选择。而且这个选择题的设计,包含了所有的消费者,因为所有儿童牙膏的消费者,不是需要2～5岁的儿童牙膏,就是需要6～12岁的儿童牙膏。最重要的是让消费者像我们设计的那样去思考,思考的范围、路径和结论都在我们的设想范围内。

降低消费者的选择成本

拥有一件商品,需要投入多大的成本,也是消费者非常关心的隐性需求。因为,消费者在购买一个产品之前,通常都会先计算下成本,即买这个产品所花的钱是否与获得的价值或收益成正比。他要是觉得贵了或买亏了的话,就很快会选择放弃。

这就是为什么很多时候"一个月速效班""7天开口说英语"等产品能够吸引一部分消费者,商家正是抓住这个心理,降低了消费者的时间成本(尽管这些大部分时候都是"唬人"的)。所以我们在设计产品的时候要充分考虑消费者的选择成本,如很多英语培训班想要吸引孩子来报名上课,经常开体验课,如送4节体验课,每周1次,一个月内用完,并且还得按老师安排的时间去上课。家长平时要上班,只能周末抽空送孩子去学,那么家长的动力还会很大吗?还不如直接来一个一天一夜的体验,名字叫《少年领袖周末1日蜕变营》。既解决了课程吸引力的问题,也极大地降低了消费者的选择或体验成本,提升成交概率。从成本角度上来说,消费者投入时间和金钱成本,如果收益不能大于投入的成本,他们很快就会放弃。

提升产品的收益感知

消费者凭什么买我们的产品?有一个非常重要的收益感知点:物超所值。

如何提升消费者对于产品的收益感知,让他们觉得这个产品物超所值,我们介绍5种方法。

方法一:提高性价比。性价比是影响消费者决策的重要因素,高性价比的产品可能是它在现有市场中能杀出一条血路的重要因素。有一个品牌叫名创优品,创始人叶国富曾说:"极致性价比是零售企业的关键。"我们讲零售的本质,对于消费者来讲永远是三个维度:第一,品质要好。第二,价格要有竞争力。第三,便利。尤其对于中小微企业来说,更要聚焦产品的性价比。初创期要的是生存,消费者的直观感受就来自产品。

方法二:提供优质服务。从某种意义上来说,每一家企业都具备服务属性。消费者不仅仅消费产品,很多时候服务也是消费者会考虑的因素。比如,海底捞凭借其不可撼动的服务标准让消费者折服(擦鞋、美甲、过生日、打包零食,只要是消费者需求的,海底捞都尽量满足,可以说服务无处不在)。不仅大企业需要做好服务,小企业更需要做好服务,比如,水果店购满20元,2公里内加1元提供定时送货上门服务;麻辣烫店的服务可以是"用山泉水烫菜,1小时换一锅水"。多一点服务,就能多出一些机会。

方法三：提高效率。消费者都渴望快速获得自己需要的产品价值，尤其是在市场竞争激烈的情况下，高效率地满足消费者的需求，是这个快节奏时代的要求。例如，一家餐厅从上菜开始就放一个计时沙漏，如果沙漏漏完了菜还没上齐，那么后面的菜免费；快餐店主打"半小时送到，否则半价"；建站网络培训主打"零基础1小时学会建站，否则退款"；快递公司主打"隔日送达"；润喉糖主打"金嗓子喉宝，入口见效"。这些案例都是在产品的效率上做优化。

如果企业以自己的效率作为收益感知，一定要结合自己的实际情况，因为许下承诺就需要兑现，如果兑现不了反而会影响用户体验，得不偿失。

方法四：制造稀缺。"物以稀为贵"是对人性的深刻认知，不管是原材料的稀缺还是生产数量的稀缺，都会极大提升产品在消费者内心的价值感。例如，一款桃花酒的卖点是"采取祖传工艺酿制，每年限供2 000坛"；土鸡餐饮店的卖点是"因为农村土鸡数量有限，每天仅为50位客人提供土鸡宴，需提前3天预定"。有的产品本身就稀缺，有的产品可以制造稀缺，而制造稀缺需要建立在供小于求的基础之上，不然也很难做到饥饿营销。

方法五：增加附加值。若提供同样的主营产品，而你比竞争对手额外多提供价值，消费者就会优先选择你。例如，早餐店的卖点是"买任意一款点心，即可免费获得一杯价值5元的豆浆"；面馆的卖点是"消费任意一款面，均可获得一碗美味浓骨汤"。同样是服饰，无印良品通过包装将和式文化中极具代表性的禅意思辨的美学理念传递出来,无疑额外给予了消费者价值。这是文化的附加值。

找不到产品的购买理由怎么办

找不到自己产品的购买理由怎么办?还有一个方法,就是去找竞争对手的,找到竞争对手产品的卖点,就是你的产品的购买理由。那你会问,竞争对手怎么会告诉我他们的卖点呢?这个好办。你去找到消费者购买竞争对手产品的原因。这也就是说消费者购买竞争对手的理由,就是你设计自己产品的购买理由。

我们经营企业、研究产品千万不能自己去瞎琢磨,自己想的东西如果形成不了消费者的购买理由,就会让我们大部分的工作变成无效。企业不仅要研究消费者,还要研究我们的竞争对手。常言道,知己知彼,百战不殆。

我们通过一个案例来解释如何通过竞争对手设计自己产品的购买理由:有一家媒体公司,一开始想不到自己打动消费者的购买理由,做了很多尝试,但最后还是在竞争中找不到优势。直到有一次,他们遇到一个美妆品牌做了竞争媒体广告投放,于是就去问消费者,选择这家媒介的理由是什么。其中最重要的一点:用高性价比购买品牌广告的触达率。这就是客户的购买理由。这个购买理由就是从竞争对手那里学到的。

因为消费者可以为这个理由买单,所以这个购买理由是不是拿过来就有用了呢?还真不行,因为购买理由雷同还是会形成竞争,更糟糕的是别人比你先提出来,可能更有优势。所以这个时候最终的事情就是在此基础之上,还要做出差异化。在后面的营销环节中,我们会讲差异化,以及如何打造差异化。

着力产品的第一特性

产品生来就是要参与竞争的,如何更好地参与竞争是产品研发人员从一开始就需要思考的问题,而不是当产品出来了再想着怎么去竞争。

产品不仅要解决企业和消费者之间的关系,满足消费者需求,还要解决企业和竞争对手之间的竞争,赢得客户。然而市场上最不缺的就是同质化竞争。那么我们如何让自己的产品更好地参与竞争呢?有一条非常重要的策略:产品第一特性。

每一个产品被研发出来都会有特性,而这些特性都会和消费者息息相关,但是考虑到竞争,我们要特别突出我们产品的第一特性。

什么是产品的第一特性?通俗来讲就是消费者对你产品最重要的感知。特性一般是形容词,是消费者使用完这个产品或服务后的体验感知。比如,华为P30手机拍照很好看;海底捞服务很好;这个拉杆箱质量好,摔都摔不坏;这家面条入味,很劲道等。总之,在消费者体验完我们的产品或服务后,能够给他留下最深刻的感知就是我们要去打造的第一特性。

特性是由两部分组成的,一部分是有形的功能,另一部分是无形的服务,所以功能加服务才能支撑我们产品的特性。在用户体验完一个特性以后,会产生"体验"。然而大家对体验这个耳熟能详的词也许并没有深刻的理解。什么叫体验呢?只有用户使用有特性的产品时,才会产生体验。如果你这个产品没有特性,只有一堆功能,用户是对它无感的,比如一个塑料袋,我们对这样一个只有简单功能的产品没有任何情感连接,它只不过是一个随手用完便可以丢弃的物件而已。所以,企业一定要设计出你的产品的特性,比如,这个塑料袋非常结实,装10斤垃圾都不坏。消费者使用以后,产生所谓的口碑和体验,口碑和体验非常重要,这是消费者复购和传播我们产品的关键。

有人说我的产品有很多特性,为什么不多说一些,这样消费者喜欢我的可能性就更大(甚至还想,总有一点是消费者喜欢的)。这种想法很天真!消费者的时间非常有限,如果我们的产品大同小异,甚至我们的产品和竞品之间的特性都差不多,我们凭什么会觉得消费者会喜欢上我们的产品呢?相反,我们要替消费者节省时间,提供我们最重要的特性,最好是你特别突出的一点。

为什么要打造产品的第一特性?主要有两个原因。一是便于消费者快速识别和记忆。我们的产品由很多特性组成,比如安全、可靠、稳定、便捷等,我们很难让消费者记住我们全部的特性,所以我们要进行取舍,在某一个特性上让消费者快速识别和记忆。比如,360的第一特性是安全;小米讲究极致的性价比;诺基亚用几年都不坏,讲的是稳定等。总之,我们要能在众多特性中,找到我们产品的第一特性。二是集中企业的资源单点突破。产品的研发需要企业资源的支撑,尤其是对在前期资源缺少的初创企业来说。如果我们一开始就想在每一个特性上都做得很好,不但可能让自己的第一特性打造不出来,而且每一特性都可能表现平平,以至我们整个产品缺乏亮点和记忆点。

所以,在产品的研发上,突出产品的第一特性非常关键,因为那是产品的核心竞争能力,如果产品不能在第一特性上取得胜利,综合特性也很难吸引消费者。但是,并不是说除了产品的第一特性之外,其他的特性就不需要。比如我们的产品的隐藏特性,如安全、可靠。大家试想一下,如果产品其他的特性做得很好,但是没有安全和可靠的质量做保障,消费者也不会选择它(见图5.1)。也就是说,我们的产品在第一特性上要做到极致以获得优势,在其他特性上至少要做到及格或以上(见图5.1)。

第一特性策略有一个参考的KANO用户心理模型。KANO模型是东京理工大学教授狩野纪昭(Noriaki Kano)发明的、对用户需求分类和优先排序的工具,以分析用户需求对用户满意度的影响为基础,体现产品性能和用户满意之间的非线性关系。

根据不同类型的质量特性与消费者满意度之间的关系,狩野教授将产品服务的质量特性分为五类:

第5章 做一款好产品

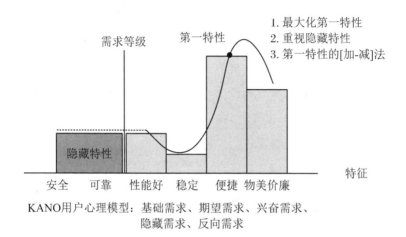

图 5.1　产品的第一特性策略

基本(必备)型质量——Must-be Quality/ Basic Quality

期望(意愿)型质量——One-dimensional Quality/ Performance Quality

兴奋(魅力)型质量——Attractive Quality/ Excitement Quality

无差异型质量——Indifferent Quality/Neutral Quality

反向(逆向)型质量——Reverse Quality，亦可以将'Quality'翻译成"品质"

消费者的满意度取决于他们对企业所提供的产品和服务的事前期待，与实际(感知)效果比较之后，消费者形成的开心或失望的感觉。就是说，如果购买产品和服务后与在实际消费中的实际效果与事前期待相符合，消费者则感到满意；如果超过事前期待，消费者则很满意；如果未能达到事前期待，消费者则不满意或很不满意。实际效果与事前期待差距越大,消费者不满意的程度也就越大,反之亦然。所以,消费者满意度也就是消费者对所购产品的事前期待与实际评价的关系。而超越消费者的期待,提供他们所没有想到的服务和产品,给他们以惊喜,也成为研发产品的重要思路。所以,基于此,我们需要集中资源打造第一特性,创造消费者的满意与惊喜。

消费者购后的满意程度,决定了其是否会重复购买这种产品和服务,也决定他今后对这种产品和服务的态度,并且还会影响到其他消费者。有句谚语:"最好的广告是满意的消费者。"反之,失望的消费者不但永远不会再买这种产品和服务,而且还会到处作反面宣传,使原已准备购买的人也止步不前。而与此相反,高度的满意,不仅能使消费者形成消费偏好,培养出他们高度的忠诚感,而且忠诚消费者会成为"传道者",努力向其他人推荐企业的服务,并愿意为其所接受的服务支付较高的价格(溢价)。

产品持续迭代

迭代这个词来源于互联网行业,在互联网产品开发中,迭代是非常重要的思维。产品并不需要一次性就做得很好,但要快速迭代,增加用户价值。迭代不仅适用于互联网企业的产品打造,也适用于非互联网企业的产品打造。

迭代要基于用户,依据用户反馈,形成解决闭环。有的人认为迭代是企业内部每天发布几个版本,或者自认为的产品改善,实际上,这是一个非常浅层的甚至错误的认知,迭代是什么?迭代是一个闭环,这个闭环做什么?做用户验证,用户验证的闭环会产生一个结果。然后我们下一次的迭代就以这个结果为出发点,以终为始,不停地去完善循环的过程。迭代是绕圈式循环,是一个闭环的快速地滚动。

如何开展我们的产品迭代呢?

第一步,锁定第一特性并尽快开始(这里要注意的是,我并不是说你有一个想法就立刻开始执行,而是结合前面章节说到的,当你验证了你的商业模式,走完了从0到1的闭环之后)。比如,我们今天开一家猪肉店,猪肉店的第一特性就是新鲜,不卖隔夜菜。有这个想法之后,最要紧的是一定要尽快做,不能拖,不要憋大招。你想做一个完美的产品,然后再推送出来,这时候时间和市场机会已经不等你了。先把店开起来,然后再解决核心问题,即把新鲜猪肉的供应链解决。

第二步,建立体验反馈通道。我们的猪肉店开好,开始售卖我们的猪肉。这个阶段我们要考虑消费者的购物感受,因为第一特性的体验非常重要,所以我们要收集消费者的反馈,比如大家是否觉得这就是当天的新鲜猪肉,消费者在这个过程中哪些使用的感受是好的,哪些是不好的。把它们作为定性和定量的衡量,然后得到客观结果,用这个结果去指导我们下一步的迭代和研发。这个过程中就会屏蔽掉产品经理或者企业老板对这个产品的主观意见和经验,完全是根据客观的消费者的反馈来进行产品迭代的。

第三步,学习与沉淀。在运营和反馈的过程中,我们可以依据消费者的实际反馈来改善我们的产品。同时沉淀我们自己的方法论。在这样一次一次迭代的过程中,我们对消费者的了解也越来越深刻,我们提供的产品也会越来越精准。

第 6 章　塑造品牌符号

品牌建设是一个过程,重点在于打造消费者的记忆符号。

品牌迷宫陷阱

不知道从什么时候开始,品牌成了大家最为津津乐道的词语。一方面,随着商业的发展,企业都希望通过品牌的打造来获得消费者的青睐,并在竞争中占得一席之地。品牌逐渐成为企业的一张对外名片。另一方面,因企业本身或创始人各异,企业对品牌的认知也各不相同,这影响着企业品牌建设的进程和结果。但是品牌是什么,我们能说得清楚吗?我们听到了很多关于品牌建设、品牌打造的词汇,例如,品牌定位、品牌价值、品牌形象、品牌金字塔、品牌联想、品牌知识、品牌声浪、品牌延伸、品牌组合、子品牌、母品牌、单一品牌、主副品牌、象征品牌、背书品牌、影子品牌、产品品牌、企业品牌、渠道品牌、传统品牌、互联网品牌……

看到这里,我估计大家和我一样,已经非常迷糊。即使不迷糊,也很难正常开展品牌相关的工作了。我们是不是像掉进了品牌的迷宫陷阱?很多事情都有第一性,我们要理解一些事情,或者探寻一个问题，要从基础的问题入手，这样我们才能抽丝剥茧，找到答案。同样，对于品牌，如果我们从品牌自身的角度来说，或许我们很难看明白品牌是什么或者怎么做品牌，但我们如果从另一个视角来看，或许我们就能找到走出迷宫的方法，避免品牌的迷宫陷阱。

打造品牌的目的是什么

我们做任何事情都是需要有目的的。

生产产品的目的是什么？是解决消费者的问题。

那么打造品牌的目的是什么呢？简单来说，就是可以更好地促进产品的销售。我们说打造品牌的目标是创造客户并留住客户，从而可以更好地促进产品的销售，获得企业利润。企业经营的核心就是获取利润，打造品牌的目的同样要服务企业获得利润。所以我们要建设品牌，让品牌成为一个流量池、一条护城河，以及吸引客户和防止客户外流的一种手段。

通俗来说，如果你没有品牌，即使产品再好，都有人觉得贵，但如果你有品牌，消费者会弱化对你的产品的价格认知。你有品牌，消费者选择同样的产品时，可能会优先考虑你的品牌下的产品，所以从企业经营的角度来说，建设品牌就是促进你产品销售的手段。

比如，即使可口可乐没有刻意向你推销，当你在超市想买饮料时，一看到可口可乐，你也会优先被它吸引，最后可能购买可口可乐而不买其他生产商的可乐。为什么？因为可口可乐是一个知名品牌，这可以促进你对它的购买，这就是打造品牌的目的。

我们常说品牌有三个维度，即知名度、美誉度、忠诚度，对这几个维度进行打造，其实最终目的也都是促进消费者选择、购买你的产品。

网络上也有人经常提出各种不同的品牌理论，比如，网红卖货是通过产生共鸣、获得认可，再赢得消费者的购买、分享；面对新群体，我们需要打造 IP；社群营销讲究粉丝裂变；直播带货要选品、互动等。但不管怎样，你只要明白这些都是更好地促进产品销售的手段，品牌也是，只是打造品牌是有效且最久的方法之一。

先立足于消费者

如何准确地定义品牌，很多人都会有自己的观点。一千个人眼里有一千个哈姆雷特，品牌也是，一千个人可能有一千个品牌定义。这类似于问人们爱情是什么，每个人都觉得自己懂一点，能说明白的却没几个，做得好的更是寥寥无几。我们先可以从一些基础的发源历程和一些解释中找到相关的阐述。

在西方,英语中的品牌为 brand,这个词源于古挪威文 brandr,意为"打上烙印",古代的人们在其饲养的牲畜上敲上一个印记,以证明"它是我的";到了中世纪的欧洲,手工艺匠人用这种打烙印的方法在自己的手工艺品上落下标记,以便消费者识别产品的产地和生产者,并以此为消费者提供担保,同时向生产者提供法律保护。

在东方,中国品牌文化的历史可追溯到 7000 年前铭刻在陶器上的标记。周朝时就有规制规定,"物勒工名,以考其诚"(《周礼》)。在齐国都域临淄出土的大量战国时期的陶器上刻有制造者的住址和名字,从那时开始,制造者住址和制造者名字就成了中国传统的品牌名称命名法。也就是说,品牌最初的作用是区分、识别、证明所有权。

随着营销的深入,品牌的定义在被不断丰富。比如,定位理论的创始人杰克·特劳特认为,品牌代表一种品类;品牌资产"鼻祖"大卫·艾克认为,品牌代表消费者掌握的关于商品、企业的相关知识,品牌是企业资产;"广告教父"大卫·奥格威认为,品牌代表的是消费者对企业、产品和使用者本身的综合性联想,品牌是一种形象;美国著名的营销学者、被誉为"现代营销之父"的飞利浦·科特勒将品牌定义为一种名称、术语、标记、符号或图案,或它们的相互组合,用以识别企业提供给某个或某群消费者的产品或服务,并使之与竞争对手的产品或服务相区别。

从上述的定义里我们基本可以窥探到对于品牌的解释。然而,这些定义对于很多没有从事过品牌工作的中小微企业来说,很难理解清楚,因为它们没有精力进行具体研究。我把这些词归纳了一下,以便大家更好地来理解。一是品牌是消费者大脑中对企业或产品的综合印象与认知。二是品牌核心是弄清为哪些消费者提供产品或服务,并通过名称、术语、标识、符号或图案等形式来为消费者提供服务。三是将自己的品牌和竞争对手的区别开,力争做到被消费者优先选择。

即使我们能归纳出品牌的要点,我们也很难给出品牌的准确定义,但是在这些释义中都提到了消费者这个交集,建立品牌需要立足消费者,没有消费者,品牌也就无从谈起。我们的品牌就是挂在公司墙上的文字,就是放在仓库的产品,或者说是一项还没有被人购买的服务。所以,如果我们开始不知道怎么去定义品牌,也不知道怎样去开展工作,我们可以先从消费者出发。围绕消费者去逐步构建我们的品牌。从消费者的角度来思考我们需要进行什么样的品牌建设。

建设品牌,先要避掉几个误区

误区一

有些企业认为取一个名字、设计一套 Logo、注册一个商标、生产一款产品，就是有品牌了，这是片面的理解。假如你要成为一名受人追捧的"网红"，不是取了一个有"网红"性质的名字就叫"网红"了，你还要一步步地去获取"粉丝"，才有可能成为"网红"。我们知道，现在非常火的"网红"李佳琦在没有成名之前，这个名字只是一个人的代号，如果非要说一个身份的话，李佳琦是欧莱雅的一名柜台实习生。2017年，欧莱雅和淘宝合作，开启了BA（Beautiful Advice，化妆美容顾问）计划，在全国欧莱雅专柜柜员中挑选网络主播，而李佳琦就是从那里脱颖而出的。后来，他经过包装和天猫的流量扶持，以及自己的努力才逐步成了"网红"，目前，他拥有几千万的"粉丝"。

这些只是品牌的视觉符号，是品牌涵盖的部分。当然，品牌最重要的载体就是名字，一个好的品牌名称能够降低识别成本、传播成本甚至选择成本，优质的品牌名比品牌的其他资产都重要。

从消费的角度出发，品牌名、品牌Logo、品牌旗下的产品都只是品牌对外表达的一个个的符号，是品牌建设的一个部分。比如"可口可乐"这四个字价值连城。如何让消费者更好地识别我们，当看到我们的这些符号时，能选择我们，才是我们最需要考虑的重点。

误区二

建立品牌需要花很多钱，只有大企业才玩得起。可能有一些人觉得,品牌好像离我们好遥远啊,只有大企业才有能力建立品牌,我们是小企业,不需要什么品牌,只要能赚钱就好。再小的企业,只要你服务消费者,就有品牌的输出。即使你的企业连名称都没有,你个人就是品牌。尤其是在互联网发达的今天,个体正在崛起,小而精的商品和服务正在受到越来越多消费者的欢迎,建立品牌的不仅是大企业。

也有很多人认为,初创企业或小微企业不要谈什么品牌,先考虑生存问题再说。这个确实没有错,小微企业更重视数据上的增长,但我并不认为这种说法是对的。

为什么?

首先,我前面说了。建立品牌目的就是促进产品销售,让你的产品更好地卖出去,而且这是能让你的企业与产品实现长期增长的方式。只要获得利润的初衷未变,就需要使用品牌,如果对品牌的建设有效,那么购买产品的消费者会越来越多。长城不是一天建成的,建设品牌也不是一蹴而就的,掌握正确的品牌建设理念,一件事一件事地做,都是在积累品牌资产。所有的大公司、跨国公司也都是从一点一滴积累起来的。

其次,品牌如果想要做大,那么从取名字开始就需要认真考虑,不仅要考虑工商注册,还要考虑和企业的关联性,甚至和企业文化的关联度。我们所做的每件事都是在积累品牌资产。

最后,品牌可以协助我们参与竞争,获得胜利。很多人说我们以前做生意就很少考虑品牌,只要货能进得回来,有人有需求,倒手一卖就可以赚钱,不需要品牌和营销。或许在20世纪产品供不应求的时代，这件事挺好做。但是现在不一样了，产品信息越来越透明，产品供大于求，而且同质化严重。企业生产出来的产品，如果没有任何优势，只想靠着价格去竞争，是不成立的。因为价格低不一定消费者就会选择你，消费者要的是对比后的价值。除非你的低价是你的战略方向，比如像 Costco 这样的品牌，它可以从价格领先到成本定价，逃离价格的锚，否则你不但不能留住消费者，还无法盈利。

误区三

很多人以为，建立品牌就是花钱去打广告，让更多人知道。这种理解也是片面的，如果你花钱打广告，消费者无感，也记不住，那么你花钱打的广告大部分都是浪费的。即使有消费者知道了你的名字，但他们却不买你的产品，很窝火对吗？因为你的品牌还不能成为消费者的购买关键因素。如果不知道自己的品牌要往哪走，先想一想自己品牌要为哪些消费者提供服务？他们选择我的理由会是哪些？如何才能让我和我的竞争对手区别开来，让自己的品牌在同类别中有被优先选择的可能？你看，又回到了消费者，无论在任何时候，品牌营销都不要脱离消费者。

另外，如何打广告也是品牌经营的一项策略。这只是品牌打造的一部分，而且不同行业的企业拥有的资源不同，做法也不一样。钱多有钱多的做法，钱少有钱少的做法。比如，快消品更重视渠道与广告投入，而餐饮更多靠体验来驱动等。

误区四

有人认为，建设品牌有一套标准的系统。其实，建立品牌没有标准系统，但有高低之分。即使全球最顶尖的营销战略家杰克·特劳特坐在你的对面也不可能给你一套标准的建立品牌系统。而且在不同的阶段，要有不同的品牌思考和诉求。这就好比某一所中学有一套能让学生都考985大学的标准系统一样。有吗？没有。但是每所中学的教学水平有高低，能够培养出考上985大学学生的经验和能力不一样；同时能否考上985大学不仅要看老师的能力，也要看学生自己的意愿、条件和发挥。

在实际的商业环境中，懂得什么是适合自己的，什么是对自己没有用的，这个更加重要和可贵。在经营的过程中有非常多变数，企业需要根据不同行业、不同竞争环境等方面去做优化调整。掌握符合自己品牌发展路径的逻辑方法是非常关键的。现在网络在快速崛起，线上品牌有了新的机遇，如何去建设品牌，企业还要总结自己的打法。

好了，说完了品牌迷宫陷阱，品牌的目的、目标，以及常见的品牌误区，接下来我们将和大家一起来探讨，如何从消费者的角度来建立自己的品牌，或者说在众多品牌中建立自己的品牌优势。

消费者的选择来自他对品牌的记忆

品牌不在企业的公司里,而在消费者对你的记忆里。

为什么这么说?我们可以先问自己几个问题。当大家想购买一些产品的时候,最先想到的是什么品牌?比如,想喝矿泉水,你喜欢哪个品牌?农夫山泉、娃哈哈、还是百岁山?买一块手表,你倾向于选什么牌子?劳力士、欧米加、还是浪琴?吃一顿火锅,我们有没有想去的店呢?是海底捞还是其他?当消费者做选择的时候,就会有品牌在脑海中盘旋。哪个品牌会成为消费者最终的选择?

美国有项研究发现,要满足大部分人的生活需求,仅仅150个品牌就够了,但是如今社会,各行各业的品牌加起来,远超这个数字。企业怎么才能在激烈的商业竞争中胜出,让消费者记住自己,从而带动消费者呢?

这就需要企业在消费者的脑海中,植入自己的品牌记忆。具体来说,在消费实践中,消费者看过或听过的品牌名称或形象,感知过的广告,使用过的商品,光顾过的商店,体验过的服务等,都会在消费者的大脑皮层留下兴奋的印记。当引起兴奋的刺激离开之后,在一定条件下,这些印记依然能被激活,这就是记忆的来源。

例如,对于企业来说,投广告是扩大知名度,是让消费者记住自己的重要手段,而要使品牌记忆的效果最大化,就需要在广告中运用一些基本的记忆方法,例如重复。如果想要你的品牌和别的品牌有区隔,你就需要对产品或品牌进行定位;如果你想提升品牌的体验度,你可以在城市的核心地段开一家体验店,甚至在全球最贵的地段开品牌体验店,这就是Gucci、LV等奢侈品品牌的做法。这些都构成了消费者对品牌的记忆。

往小了说,一次很好的体验也可能会留下品牌的印记。例如,你如果去内蒙古吃一回诈马宴,或许就会记得那里的羊肉和马奶酒。品牌都是靠消费者的记忆来带动的,而这些能被记住的要么比较独特,是消费者喜欢的,要么经常在消费者的生活中出现,它被强行记忆了。当消费者做不出最好的选择的时候,他就会不自觉地选择自己听过的,因为这个好像靠谱一些。这就是品牌记忆对消费者做选择的影响。

品牌记忆由一个一个符号组成

什么是符号?符号、印记、标号,用于区分某种特征的标识。

什么是品牌符号?品牌符号是区别产品或服务的基本手段,包括名称、标志、基本色、口号、象征物、代言人、包装等。这些识别元素形成一个有机结构,对消费者施加影响。它们是形成品牌概念的基础,品牌符号是公司的重要资产,在品牌与消费者的互动中发挥作用。品牌符号是最简单直接的传播方式。其最大的贡献就是能帮助消费者简化他们对品牌的判断。对于企业而言是最节省沟通成本的办法。

品牌符号有哪些构成要素?以三只松鼠为例,我们来大致看一下它的品牌符号的构成要素以及一些可借鉴的创意。

图 6.1　三只松鼠的品牌

品牌名

首先,三只松鼠的名字,简单自然,容易记忆和传播。第一,松鼠是大家都知道的小动物,这样让消费者记住会比较简单,如果不叫"三只松鼠",而叫"三只甲目",可能大家记忆的成本会提升很多,因为你都不知道甲目是什么东西;第二,为了让大家有个具象的记忆,品牌名里加了量词三只,这样记忆更具象了。同时也为后来的三只松鼠 IP 的打造留下了伏笔;第三,消费者由松鼠可以联想到森林,和品牌开始提出的森林坚果能进行呼应。

Logo

上班族中喜欢卡通的人很多,在包装上使用的三只松鼠的形象,让别人仿佛进入了一个松鼠的乐园,亲切而可爱,符合现在年轻人的心理,增加了记忆点。

网络店铺

店铺色彩一改很多食品品牌的清新风,直接用了深色调为主,让品牌看起来深厚而坚实,让人印象深刻。

客服

客服一改多年来网店对消费者的称呼,将他们叫作"主人",再加上幽默而又诙谐的问答,没有限制的聊天方式,让很多人记忆加深。

包装

从包装袋到包装盒,随产品会附带一些小东西,如餐巾纸、封口夹,甚至打开快递用的开箱器等。将符号细节做到极致,做到宣传的每一个层面和细节!

当然,除了这些,我想三只松鼠的消费者记住它的方式可能各不相同,但是他们都是通过一些符号来增强记忆的,能让消费者容易记住、容易传播的才是好的符号创意方法。通过电商品牌我们看出了一个有意思的现象,那就是很多电商品牌都是刚成立不久，没有什么悠久的历史，但可以迅速地被消费者记住，在这个过程中，除了产品本身的符号，品牌符号也在承担着非常重要的作用。除了三只松鼠，在电商品牌中，每天都有大量的品牌诞生，也有大量的品牌默默无闻。很多经营者，总是长吁短叹没有好的运营推广，以致自己的品牌沉沦，殊不知，他们在创立品牌之初，就忽视了品牌生存的必要条件！一个能让消费者容易记住的品牌，才能容易地与运营推广协同，反之，记忆成本升高，即使我们花了同样的钱，可能收到的却是事倍功半的效果。

研究消费者和品牌之间的联系，需要把细节的分析都统计出来。中国现在很少有做品牌研究的公司。而国外很多优秀的公司，在每一个消费的细节，都会请专业机构去研究，相对来说，后者对销售的把握应该很精细！而大部分人可能都是凭借自己兴趣爱好进行提取，有的或许顺应了消费者的记忆习惯，而有的可能顺应了自己的习惯。比如，企业根据自己的兴趣爱好去起一个名字，设计一个需要解释半天的符号，想一句自己听起来很"嗨"的Slogan，这些都是不专业的做法，我们可以不懂这些，但是自己要去了解，或者请一些专业的服务公司来做。

好的创意符号是怎么诞生的

什么是好的创意符号？好的创意符号就是要让消费者容易

第6章 塑造品牌符号

辨识、容易记忆。因为只有消费者识别简单、能记得住，才是一个好的创意符号。如果这个符号的记忆成本过高，你的传播成本就将大大上升。拿森林木门和佳昊木门举例，森林木门就是一个传播低成本的名字，而佳昊木门这个名字的传播成本，就要比森林木门的高。如果我们打电话问木门的品牌，一说森林木门，大家都能听懂；而说佳昊木门的话就要解释一下，品牌名是佳人的佳，昊是上面一个"日"字，下面一个"天"字，解释半天估计别人也未必能听懂。这个就好像人名一样，刘大庆这个名字一定比刘瀚庆这个名字更好记忆、传播成本更低，虽然只有一字之差，但是记忆度和传播度上的差别就大多了。很多企业都想取一个好名字，但是很多时候，它们想了很长的时间取出来的名字反而提高了消费者的记忆成本，究其原因就是企业习惯从自己的喜好出发，而不是从消费者的角度来起名。

企业关注有文化，消费者关注好不好记。无论是名字符号，还是设计符号，一定要具象，越是具象的东西越是容易被记住。符号创意不是玩文化、玩艺术，而是玩创意。再比如Logo（标志）符号，大家知道春兰空调的Logo吗？知道容声的Logo吗？好像大部分人都不清楚。但是大家熟悉海尔的Logo吗？估计很多人都知道：两个穿裤衩的小人，我们称之为海尔兄弟。这就是具象的力量。那么这些具象的设计是怎么产生的呢？是不是我画一条线就是具象呢？也不是。关键的思考点还是要从消费者的记忆原理出发。

我们先来看两个标识，耐克公司的标识和苹果公司的标识。

耐克公司的标志是打勾，苹果公司的标志是被咬了一口的苹果。除掉其他的宣传因素不看，其实这两个标识也是非常容易记忆的。耐克公司的标识大家有没有很熟悉，它就是我们从小看到大、考试经常会碰到而且记忆深刻的"正确号"，以及我们在日常行为中经常遇到的勾选方式。

图 6.2　耐克公司和苹果公司的标识

发现没有？耐克公司的 Logo 之所以能被消费者记得住，是因为它借用了我们日常熟悉的符号，然后把这个符号扩展到 Logo 上。苹果公司的也是一样，苹果是我们非常熟悉的水果，苹果公司把被啃了一口的苹果转化成了自己的品牌 Logo。Logo 看似非常简单，却是深入研究消费者的结果。至于这些 Logo 怎么设计更好看，这就是设计师的事了。

从耐克公司和苹果公司的例子中，我们看到了什么？符号设计要借助消费者已有的认知进行，而不是瞎创新。很多时候，如果一个符号需要花很长时间去解释、去描述，那都是在浪费消费者的注意力，你放心，它被消费者记住的可能性不大。借助消费者原有的认知来进行设计，不仅便于消费者理解，还便于消费者记得住。

那么，什么样的东西是我们消费者原有的认知，并且能为品牌符号服务的呢？即要借力消费者已经知道的东西。比如狗是大家熟悉的，所以京东的 Logo 就设计了一条很有科技感的狗；猫也是大家熟悉的，所以天猫的 Logo 就设计了一个扁平化的猫的形象。借助狗、猫这样的消费者认识、熟悉的符号原型，嫁接到品牌符号设计中，就是借助消费者原有认知来设计。

图 6.3　京东和天猫的 Logo

如果我们的 Logo 不是借助消费者原有的认知来设计的，而是本来就有的设计，最常用的办法就是进行简化，让记忆更加简单。比如奔驰汽车，之前它的 Logo 的设计还是有些复杂的，但现在就越设计越简单了。之前我们看到华为常用的 Logo 像花瓣一样，但是谁能说得清有几片花瓣，而且还和有些商标类似。而现在我们慢慢发现，华为手机上逐渐是 HUAWEI 的拼音组成的 Logo，独一无二，更加容易记忆。

当然，我们所讲的品牌符号创意，不仅限于 Logo、品牌名称或广告语等，还有很多表现形式，但是设计这些符号的最终目的都是让消费者更加容易识别和记住品牌。比如，我的一个朋友是做烘焙的，大家都在做蛋糕，而且做的都差不多，所以他就别出心裁，想了一个创意，他把蛋糕做成各种萌犬的造型，然后把品牌取名萌犬烧，既形象又生动，而且消费者很容易就记住了，辨识度还高。

比较经典的可口可乐的褶裙玻璃瓶、王老吉的红罐、麦当劳的金色拱门、肯德基的大叔等，很多我们记忆深刻的品牌都是通过符号来和消费者建立识别、记忆的连接。总之，好的创意符号，一定要让消费者好记，而不是企业自己觉得酷。

第7章 好创意,好符号

构建企业最小单位记忆符号组合。

五觉创意符号方法

马丁·林斯特龙的《感官品牌》一书提出了品牌符号五感的创意方法,华与华提出的"品牌符号"理论也认为:建立品牌,就是建立一个符号,区别你的产品,浓缩你的价值,让消费者购买你,推荐你。这个符号可以是词语,可以是图形,也可以是声音。好的品牌符号,要方便记忆,容易传播。通过视觉、听觉、触觉、嗅觉和味觉来打造品牌的最小记忆符号。

消费者对品牌的记忆是通过符号来获取的,而能够让消费者印象深刻的符号都需要从我们的日常感观中来提取。常见的有5种感官形式:视觉、听觉、嗅觉、味觉和听觉。5种感官根据品牌的需求不同,以及营销场景的不同而不同,有的是共性需求,有的是特定场景需求。如何正确地认知这几种感官以及品牌如何去运用它们是重点,接下来我将会和大家一起来探讨五觉创意符号方法。

视觉符号

视觉是塑造品牌的第一印象。讲到视觉符号，很多人可能会自然地想到品牌标识。其实这是比较片面的理解。视觉符号主要从三个方向来打造。

第一个方向：常见的Logo（品牌标识）。比如麦当劳的M形拱门、肯德基的大叔、耐克的对勾等，这些都是企业将自己的品牌视觉符号化，目的就是当消费者看到这个视觉符号的时候就能快速识别，并降低消费者的选择成本。但是，从全球范围来说，能够让消费者印象深刻的Logo真的寥寥无几，大家可以回顾一下自己身边有哪些Logo是我们快速识别以及记得住的。符号的重要作用就是让消费者识别简单、记忆简单。

那么在Logo的设计上有没有比较讨巧的方法呢？有，那就是文字的应用。比如，国外大家能知道的IBM（国际商业机器公司）、Facebook（脸书），国内的华为（HUAWEI）、支付宝等。简单来说，如果大家没有更好的视觉符号，就可以直接用文字来表达。即使消费者识别不了特定的符号，也可以识别文字，这样可以间接降低识别、记忆成本。

看两个例子。麦当劳（McDonald's）的文字化符号是M，它把文字中的"M"进行符号设计；而淘宝就是把"淘"字进行符号设计。其实现在很多品牌都在用这样的设计，即从自己的品牌名称中精选出一个字，然后进行设计，形成Logo，或者直接把品牌名称进行 Logo 设计。总之 Logo 设计未来的趋势是简化,至少不能太复杂,让消费者识别、记忆简单才是最重要的。

(a) 麦当劳　　　　　　　(b) 淘宝

图 7.1　用文字来表达的品牌 Logo

第二个方向:营销辅助符号。营销辅助符号也是我们常用的符号应用之一,尤其是在产品的表达上。比如,牛肉面的包装上画上一碗面,然后再画很多牛肉,让我们消费的时候觉得这就是牛肉面,牛肉就是这个产品的营销辅助符号。

我们再看两张图片,把雪碧放在冰块之中,冰块就是营销辅助元素。因为消费者会通过这个场景感受到雪碧清凉的感受。在洽洽每日坚果的包装袋上,我们可以看到有很多坚果、果干的元素,这些元素的应用可以影响到消费者对产品的认知。

营销辅助符号可以让消费者通过元素产生联想,达到所见即所得的效果。

(a) 雪碧　　　　　　　　　(b) 洽洽每日坚果

图 7.2　使用营销辅助符号的品牌

第三个方向:品牌辅助图形。品牌辅助图形是品牌符号的重要组成部分,甚至可以成为企业自己的专属符号,这是非常困难的一件事,但非常有意义。

什么是辅助图形?比如宝马汽车,如果我们把 BMW 三个字母拿掉,我们还能识别宝马汽车吗?能,当我们看见汽车前脸的两个进气"鼻孔"时,你也知道这是宝马汽车。宝马汽车的前脸两个进气"鼻孔"就是很好的品牌辅助图形。再举个例子,如果你在运动服上看到三条斜杠,会想起哪个品牌?是的,阿迪达斯。三条斜杠就是阿迪达斯的视觉符号(见图 7.3)。

所以,当我们说到视觉符号,大家一定不能陷入狭义的 Logo 中去,而是只要是消费者容易识别、记忆的符号都可以将其融入品牌视觉符号打造中。同时一旦你的"视觉符号"成型了,就不能轻易改变。比如,王老吉的视觉符号就是它的红罐包装,如果将王老吉的红罐包装改成绿色的就会很奇怪;绿色是雪碧的视觉符号,雪碧同样也不会把绿色改成红色。

第7章 好创意,好符号

(a) 宝马汽车　　　　　　　　(b) 阿迪达斯

图 7.3　品牌辅助图形

这样消费者认知会内化成消费者的一种选择习惯,一旦形成了品牌符号认知,我们就不能轻易更改,还要沿用下去,"越陈越香"。

听觉符号

大部分时候,大家更在意的是视觉符号,毕竟它是品牌的第一印象。但是听觉符号如果用得好,可能比视觉符号还要管用。因为在还没有文字、语言之前,人和人之间的信息传递是靠声音的。假设把5个人关在一间密封的房间里,关灯后屋内漆黑一片,这个时候怎么进行相互之间的识别呢？最快的方法是听声音。因为每个人的音色不一样,所以发声都有各自的特点。我们经常会说:"我听到某某在说话",这就是通过听觉符号来识别的。同样,声音符号也可以运用到品牌的符号中。

例如,苹果手机的铃声。记得我大学刚毕业不久,苹果手机(iPhone4)上市,当时在用摩托罗拉和诺基亚的人还挺多,但是

iPhone4一上市就迅速成为炙手可热的手机,很多人对这个产品都趋之若鹜。iPhone4的铃声就特别吸引人,它的默认铃声的识别度非常高,这就是听觉符号。很多人一听到这个铃声就知道是苹果手机响了。

同样的还有英特尔广告里的"噔！等噔等噔！"和拍照时大声喊"田——七——",都让你印象深刻。当你听到急促的声响,你坐在家里都不用看,你就知道楼下路过了一辆救护车,救护车的报警声就是听觉符号。听觉符号的应用就是让你听到这个声音的时候,能够和企业、品牌或产品形成相对应的条件反射。

有人可能会说,我们的产品好像不太适合设计听觉符号,所以我很难用听觉符号来连接我的品牌。事实并非如此,大部分品牌都在享用听觉符号带来的红利,只是我们没有意识到。很多人会把听觉符号和声音媒介画等号,觉得能发出声音的才是听觉符号,而不能发出声音的就不是听觉符号了。

品牌最容易被识别的往往是听觉符号,而这个符号通常是品牌的广告语。比如"瓜子二手车,没有中间商赚差价"这句话就是听觉符号；"怕上火,喝王老吉"也是听觉符号；"今年过节不收礼,收礼只收脑白金"更是红透大江南北的听觉符号。这些符号通过电视、广播、互联网、户外广告等媒介进行了传播。我们不能把听觉符号和声音符号简单地等同起来。听觉符号是内容,它和媒介传播是两件事。

听觉符号有什么好处呢？最大的好处就是形成品牌的独特记忆符号,以及让消费者更好地识别品牌、记忆品牌。要知道,我们通过听觉记忆东西,往往比通过视觉更加容易。比如上面的"瓜子二手车,没有中间商赚差价",通过视觉,我们能一下记住瓜子的Logo吗?能记得有哪几个代言人吗?能记得卖什么车吗?大部分人都不会一下记住,但是听一遍却记住了这句广告语,并把这个听觉符号和瓜子二手车形成了连接。

BOSS直聘其中有一条广告是这么来播的:"如果找到工作,你就拍拍手;如果找到工作,你就跺跺脚。"每次消费者都能听到这个有节奏、欢快的听觉符号,甚至有挺多人都有了条件反射,前面说"如果找到工作你就拍拍手",后半句就跟着默念"如果感到快乐你就跺跺脚"。BOSS直聘到今年已经换了好几茬代言人及广告了,但是它的核心听觉符号还是没有换,就是"找工作,我要和老板谈",这个听觉符号已经和消费者形成了固定的连接。

我们经常谈品牌以及消费者对品牌的感知,很多时候,我们会花很多招式去求变,从电视到网站,从报纸到互联网,从广播到户外广告,我们不停地探索如何传播自己的品牌。但是我们有没有先去探索好我们的品牌符号,尤其是听觉符号,即你需要消费者记住什么?哪怕是你的品牌名称。

企业经常会为了追求效果而去做很多尝试,却忘记了消费者最简单的诉求。比如,我们经常为了追求转化去做数字营销,恨不得每接触一个人就可以成交一个人。我们推出很多视觉、听觉符号,但是真正让消费者记住的是什么?对消费者的影响不能一蹴而就,需要和消费者多互动,也不要太功利,只需要通过媒介告诉消费者,我一直在你的身边。

嗅觉符号

嗅觉符号常常用于品牌的场景营销。比如,我们走进一些高端的酒店,一进门就会闻到一股馨香。因为酒店想通过嗅觉符号来获得消费者的好感,如果一进大门臭烘烘的,我想很多人连住店的想法都没有了。在百货商场的香水区,一定有扑面而来的香水味。经常去星巴克喝咖啡,你会嗅到浓浓的咖啡味。有一次我们开车到四川宜宾,打开车门就闻到了一股浓浓的酒糟味,这就是酒的嗅觉符号。

品牌也可以通过自己独特的嗅觉符号来打造自己品牌的识别符号。比如,古龙的香水就是古龙的味道;迪奥香水也有其辨识度。当消费者嗅到这些气味的时候,就会识别出品牌、产品。

味觉符号

人类的味觉是通过味蕾产生的。味觉符号会形成比较独特的记忆。尤其是在吃的上面。我们一定会记得小时候一两样自己比较喜欢吃的菜肴或点心。多少年之后,你再吃到,可能会脱口而出:"还是那个味道"。比如,在国外打开一瓶老干妈,那熟悉的味道,换谁都不行。这些都是品牌的味觉符号。它属于消费者的味蕾记忆。

触觉符号

触觉是一种连接工具。很多人逛商场喜欢摸一摸衣服的材质,感受衣服的质地。比如,冰凉丝滑的丝巾,柔软温暖的羊绒,握感舒适、重量适宜的手机,这些触觉感受都会让我们对商品产生好感。触觉是产品的一个部分,会间接反映到品牌上,让消费者产生感知。这种感知往往是最基础的,但也是最重要的。因为消费者永远都会考虑物有所值或物超所值。

这五种品牌符号创意方式,可能需要我们根据不同的行业,进行不同的应用。相比较而言,视觉和听觉还是更重要和常见一些。出于一些原因,广告所传达的只包含一种或两种感官——视觉和听觉。事实上消费者每天都会接触无数条广告,其中包含的信息都是基于视觉和听觉的,和嗅觉、触觉、味觉关联不大。

但是品牌传播已经走到了一个边缘。为了在未来的竞争中取得成功,品牌需要尝试找回其他三种被忽视的感官。为消费者提供越多的感官接触点,就能给他们留下越多的感官记忆,从而在品牌和消费者之间建立更牢固的纽带。

如何给品牌取个好名字

名字就是一个很好的听觉符号,消费者最先了解品牌,就是通过区隔、记忆品牌的符号,这就是品牌名称。就如同一个孩子出生后,父母第一件重要的事,就是要给孩子取一个名字,名字是一个人的最佳记忆点。

一个好的品牌名称对企业重要吗?当然重要。在传播上,好的名字成本更低,消费者更容易记得住,所以传播起来也就更简单。像可口可乐进入中国的时候,它直接从英文直译过来叫"蝌蚪啃蜡",也就是蝌蚪啃下蜡烛的场景。如果一直用这个名字,估计可口可乐在中国市场很难获得今天的成绩。后来改名为可口可乐,可乐成了一个产品的代名词,可口可乐则成了这个行业的代名词,一个名字对品牌重要性可见一斑。

中国的企业就更讲究名字了,大概有几类。

第一类:好寓意。比如说金利来、美团、恒大、淘宝、吉利、平安等。这些名字都有一个共性:好的寓意。消费者天生对有好的寓意的字词有好感,例如高、大、上、美、宝等。这类品牌名字都是借助文字本身的力量来赋能品牌名称。

第二类:容易记。例如,小米、天猫、三只松鼠、老板等。这些名字的共性是容易记。为什么容易记呢?因为这些名字当中,如米、猫、松鼠、老板,消费者基本会有一个认知或者场景联想,这样就会降低他们认知成本,提升记忆度。

第三类:中性组合创造。例如,格力、百度、京东、方太等。这些词不能让消费者有最直接的联想,或者天生就带有好的寓意。这些名字通过后期的经营和传播,也能被大众所认知。这是不是一个好名字呢?看我们怎么理解。如果这些名字能被消费者记住,并且能被一一对应的,就是一个好名字。但是从一开始,它们需要花费的传播成本要更高一些。尤其对我们的中小微企业来说,要尽量让品牌的名称好识别、好传播,从而达到降成本、增效的效果。

第四类:难理解、有歧义的名字。其实这类名字真是挺多的,很多时候这样的名字不但不能助力企业的发展,反而会阻碍企业的发展。主要有两个原因,一是增加了消费者识别、记忆成本;二是让消费者对你的企业联想有歧义。就如上面提到的可口可乐一开始的名称"蝌蚪啃蜡",不仅理解难,还有歧义。这里就不一一列举了,但是可以告诉大家一个简单的方法,如果企业的名称需要解释半天,作为企业的老板大概率就要思考哪里出问题了。

所以,一个好名字对品牌来说是十分必要的,中小微企业更是如此。尤其在现在,企业发展快速,我们会发现很多你能想到的名字都被别人注册了,所以更需要我们花时间和精力来面对命名这件事。有人说过,起一个好的名字等于成功了一半。

如何为新品牌命名?

首先,品牌命名,顾名思义,就是企业或产品的对外宣传推广所使用的名称,也就是商标中的文字部分,这个和企业在工商注册时候的名字可以是相同的,也可以是不同的。比如,今日头条就是一个品牌名称,而它的企业名称则叫字节跳动。对待品牌名称,我们既不能把公司名称和品牌名称混为一谈,也不要自己随便起一个,我们需要掌握起名的基本方法。

其次,品牌命名通常和品牌定位联系在一起,它和视觉 Logo

一起成为品牌定位的最佳表现载体。比如，家喻户晓的中式快餐"真功夫"，开始叫"168蒸品快餐店"，后来改为"双种子蒸品餐厅"，但一直都表现平平，直到请了专业公司做公司定位，锁定中式快餐的蒸和炒，最大限度保留饮食营养，有别于洋快餐的油炸无营养，于是改名为体现品牌特色的"真功夫"，并配合"营养还是蒸的好"和麦当劳、肯德基这样的洋快餐形成区隔，可谓一字千金，带来了事业的蒸蒸日上。

一般来说，判断一个品牌名称是否足够好，通常有三个标准：辨别简单，方便记忆，易于传播。

首先要辨别简单。这个非常重要，有些企业家自己喜欢文化，所以取名字时用一些生僻字或不常见的字作为品牌名称，结果很多人都不认识。如果连消费者识别都很困难，何来谈传播。

其次要方便记忆。那什么样的名字会方便消费者记忆呢？含有大家熟悉的字、词的名字更能让人记忆深刻，而陌生的字、词就会提升消费者的记忆难度，进而导致大家记不住。比如猪、猫、象等都属于大家熟悉的字，那么把它们在品牌名称中组合一下，消费者就会容易记忆，例如飞猪、天猫、白象等；如果任意换一组不易识别的字：斐、烩、煜，消费者识别和记忆的难度会瞬间提升，如斐庆堂、品上烩、隆煜定制，不要说我们来记住它，就算是识别也很难。

最后是易于传播。名字好不好，传播容不容易很重要，一是消费者本身记得住；二是容易传播给另外一个人。取完名字后，我们可以用一个简单的方法来辨别它是否易于传播，叫"电话测试法",就是在电话里把你取的名字和人说一下,看看费不费劲。比如,上海西郊有两处别墅,一个叫"西郊庄园",电话里一说就明白了。还有一个叫"兰乔圣菲",这个名字解释起来就很费劲。"兰"是"兰花"的"兰";"乔"是《三国演义》里"大乔小乔"的"乔";"圣"是"神圣"的"圣";"菲"就是"非常"的"非"加一个草字头。如果你和一个快递员解释这个名字,估计你还没解释完,快递员就已经把前面的忘了。

在给品牌起名的时候,我们要多用听觉词汇。因为名字本身就是给人听的。名字好识别、好记忆、好传播比有含义要重要得多。

接下来,我给大家介绍五个行业内命名的"潜规则",让大家少花钱,也能选到好名字。

名字与业务结合

给品牌命名首要考虑的因素就是品牌名和业务相结合,让别人快速知道你,并且知道你是干什么的,这一点非常重要,尤其对中小微企业来说,这是最容易被忽略的一点。设计品牌名的目的是要消费者更容易识别你、认识你、记住你,所以命名最好能和业务相辅相成,比如滴滴出行,简洁明了,和业务的高度契合。很多时候,企业自认为自己取的名字能让消费者知道自己是干什么的,这都太理想化了。如果同样是卖拌面的,刘三姐拌面会比食味轩好上好多倍。刘三姐很具象,拌面就是卖的产品,简洁明了。即使下一次别人推荐,也能直接传播出去。而说起食味轩,消费者一听根本就不明确是吃什么的,自然就增加了他们的选择成本,这就是"文化"惹的祸。

少用生字、冷僻字

名字一定要易于发音,尽量不用生字、冷僻字。这样可以减少识别、记忆的成本。从传播角度上讲,能为品牌节省大笔支出,还能消除消费者对产品的陌生感。比如娃哈哈、饿了么、淘宝等都是大家本来就熟悉的词汇,一听就明白。

暗示产品属性

最好能让消费者从它的名字一眼就看出属于什么类型,例如劲量电池就恰当地表达了产品持久强劲的特点。脑白金、黄金酒、大自然地板、农夫山泉等都是不错的示例。

考虑当地风俗,避免资源浪费

为品牌命名还要注意因为不同地域的发音习惯或风俗文化所造成的困扰,比如,罗永浩的锤子手机,本来是一个很不错的名字,但这个词在我国西南、西北地区,锤子在当地是脏话,经过慎重考虑,产品最后改名为坚果手机。

品牌名要考虑工商注册,产品名则可以不用考虑

为品牌名称进行工商注册是非常重要的一件事,但是现在很多大家能想到的名字往往都被注册掉了,一些不好的也不怎么好

用。能取到好名字,并且还能成功注册,是一件很幸运的事。但是如果是产品名称的话,可以不用考虑太多工商注册的问题,首先要考虑的是便于记忆、好传播。比如丰田霸道、陆地巡洋舰、大众甲壳虫都是很好的产品名称,好记,还霸气。

总结一下,一个优秀的品牌名应该具有的三种特征:① 易识别、易传播,助力消费者记忆;② 借力消费者已有认知或已有文化,自带流量,便于宣传与助销;③ 占据一个字或一个词,形成一套品牌资产。

词汇是自带能量的符号

命名就是词语的游戏。善用词语的嫁接将会让产品的识别度更高,同时,好的字词组合将会让品牌自带流量,引发消费者的情感共鸣。同样,一个品牌如果能抓住一个词汇,也会给品牌带来能量。

商业中,复杂的主题难以给消费者留下深刻的印象。在铺天盖地的广告中,好的品牌名可以自带流量、区隔对手,消费者只能记住简单而又有趣的信息。抢占一个消费者认可的字词成为品牌营销的重要选择。

以酒为例,中国白酒行业的竞争是非常激烈的。中国有三万七千多家白酒生产企业,三万多个白酒品牌。在业界有"西不入川,东不入皖"的说法。郎酒是四川古蔺产的一款名酒,古井贡酒是安徽亳州产的一款名酒。这两款酒都抓住了一个词,简化的品牌和产品识别成本,助力二者在竞争中占得优势。郎酒抢占一个"郎"字,然后"爆炸"出各种产品——红花郎、老郎酒、郎牌特曲等,形成一个"郎"品牌家族,深深地印在了消费者的脑海当中。

图 7.4 品牌核心关键词

传播的主题越简单,消费者越能记住,一个在消费者中认知度比较高的字词是快速提升品牌知名度的方式。通过一个字可以产生联想,形成一个产品系列。统一的调性,能够使消费者记住,同时品牌之间能产生联想,形成品牌知名度的相互促进。

古井贡酒占领的一个词是什么呢?年份原浆,当把这个词占领之后,我们后面看到系列产品的广告形象全部是年份原浆的产品形象。后来,古井贡酒将年份原浆四个字进行放大突出,同时也围绕"年份原浆"这四个字进行了一系列的产品开发,例如年份原浆 5 年、8 年、16 年、20 年等。

当品牌抢占了一个字或一个词时,就顺带利用了这个词本身的能量。那么哪些字词的能量更大一些呢？如何来借助这些词给自己的品牌赋能呢？

首先要借助一些消费者已知的词汇，来让企业的产品传播成本更低、势能更高。回到"年份原浆"四个字，"年份"本身就是一个好酒的代表词汇，大家都说陈年好酒，酒越陈越香；"原浆"则给消费者一种高价值的踏实感，让消费者心动。所以这两个词加在一起构成了产品的势能，在后来的宣传和广告中，古井贡酒也将年份原浆这四个字的占比持续扩大。

再举一个例子，小米公司占据了"米"字，小米系列的产品名称，都带有"米"字，属于"米"字的延伸。除了小米手机和红米手机，还有如米家（空气净化器、电饭煲、台灯、电动牙刷等小家电）、米兔（电话手表、智能故事机、点读笔等儿童产品）等，面对不同的品类市场。小米本身就是大家耳熟能详的一种产品原型，消费者认知和传播的成本极低，慢慢地小米围绕它的"米"字进行产品布局，形成小米的超级符号和品牌资产。大家只要想到和"米"有关的词就会想到小米。而且越往后投资，收获会越大。

如果产品名不能占领一个词或一个字，那么借助消费者已知的词汇或熟悉的文化来进行命名也是一个不错的选择，比如阿里巴巴和华为的占词方式。

看看阿里巴巴旗下的这些名字：天猫（淘宝商城）、闲鱼（闲置交易平台）、盒马（新零售）、虾米（在线音乐）、飞猪（旅行平台）、千牛（卖家工作台）、蚂蚁（金融服务）、菜鸟（物流网络）、平头哥（芯片设计），都是借助动物词汇。

网友则戏称华为快注册完一本《山海经》了。华为的手机芯片命名为"麒麟",华为的基带芯片命名为"巴龙",华为的服务器芯片命名为"鲲鹏",华为的服务器平台命名为"泰山",华为的路由器芯片命名为"凌霄",华为的人工智能芯片命名为"昇腾",华为的操作系统命名为"鸿蒙"。华为还注册了紫龙、威凤、浩天、青鸟、朱雀等一系列商标。

品牌或产品在词汇的选择上是一件非常重要的事,好的词汇自带能量符号,而最好的方式就是借助消费者已经有识别的字词进行结合。

如何设计品牌标识

很多人在 Logo(品牌标识)的设计上花了很多钱,但感觉还是得不到自己想要的效果。要解决如何设计 Logo 的问题,首先要解决设计 Logo 用处的问题。如果我们都不知道 Logo 用来干什么,仅追求好不好看有什么用?但真实是大部分人对 Logo 的认识就是根据自己的喜好来判断它行或不行(或者好不好看)。其实这都不是 Logo 的核心意义所在。

那设计 Logo 的核心意义是什么呢?最终目的是要降低消费者的识别和记忆成本。企业先要考虑实不实用,再考虑好不好看。苹果手机的 Logo 大家都有印象吧,是一个被咬了一口的苹果;耐克公司的 Logo 更简单，就是一个对勾。这些设计都极大地降低了消费者的识别成本，所以，品牌 Logo 设计要关注如何降低识别和记忆成本。而有一些 Logo 设计得特别复杂，需要向消费者解释半天才能解释清楚，这样的设计即使再好看，也不是一个好的 Logo 设计。

那么有没有一个标准呢？倒真有一个参考：不需要解释，消费者就能看得明白。

听起来，这个还挺难。但是，如果我们不这么思考问题呢？那很多设计都会跑偏。本身设计 Logo 是想解决问题，而复杂的设计会制造出很多问题，这就已经失去了设计的初衷。

如果我们实在不知道用什么方法来设计 Logo，我们可以直接把文字设计成商标，简单、易懂，比如支付宝和得到的 Logo。

图 7.5　支付宝和得到的 Logo 设计

很多人可能会认为，Logo 都是设计师拍脑袋想出来的，其实每一个 Logo 后面都蕴藏着这个品牌的文化思考。比如小米的 Logo 设计。如果我们了解小米的 Logo，我们就能清楚，小米的

Logo 是把米字的拼音作为基础(MI)。而通过设计,如果你把 MI 的设计倒过来它是一个心。小米的创始人雷军常说,要做具有超高性价比的产品,凭良心做事。

图 7.6 小米的 Logo

在 Logo 设计中,我们需要遵循哪些原则呢?

先解决"对"的问题,再解决"美和丑"的问题

好的 Logo 不仅需要体现在设计上,更需要体现在品牌的业务思考上,即反映品牌的核心理念,直白简洁地传递出"我是谁"的问题,并完全可以被消费者理解。比如,滴滴出行的一个"D"标识,就表达得清楚简明。

能建立品牌识别区隔

Logo 要建立强烈的品牌识别区隔,才能让用户在一眼看见的时候就能将你的品牌和其他竞争品牌区别开,继而进一步接触。这可以通过色彩对比、图形设计来实现。比如,麦当劳通过红色和黄色的对比,宜家采用蓝色和黄色的对比。你会发现,色彩越少的 Logo,对比就越明显,识别度也就越高。如果现在你在大街上看到红黄两色,会不会第一反应就是麦当劳?除此之外,

这里还有一个小技巧：基于 Logo 的展现元素，用文字建立识别区隔的效果会比图案、图形等相对更容易一些，且不容易被复制。

你看经典的可口可乐的 Logo 只由文字构成，同样使用文字 Logo 的还有亚马逊、谷歌、IBM 等知名品牌。想要通过文字建立识别区隔，前提是文字设计有自己风格，不能过于普通，否则会适得其反。

符合用户需求

企业要时刻记住，Logo 是给消费者看的，而不是给我们自己看的。因此，我们的 Logo 和产品一样，必须符合消费者的需求。明白消费者需要什么，才能明白要采用什么样的视觉设计。在这里，我们可以将需求简单分为精神需求和物质需求两大类。也就是说，我们在设计 Logo 时，需要考虑我们到底想满足的是消费者的精神需求还是物质需求。比如，星巴克通过美人鱼的形象带给消费者一种神秘的吸引力，就是满足了消费者的精神需求。又如拼多多，其众多不同品类的产品图案都围绕着一个"拼"字，体现出了拼多多品类丰富、物美价廉的特点，满足了消费者的物质需求。

广告语的威力

前面我们说完品牌名称、品牌标识，接下来我们来看一看

Slogan（广告语）是怎么产生的。

如果说起品牌名称和设计品牌标识还是识别战，那么提出Slogan就是品牌的认知战，讲得通俗一点就是企业能否一句话讲清楚自己是谁，以及卖点或价值主张是什么。

尤其在当今的市场竞争中，不论是产品或品牌竞争，还是资源争夺，在面对信息爆炸，消费者时间碎片化的现实环境里，能一句话说清自己，并且引导消费者购买是非常关键的事。

Slogan不是一个独立的部分，也并非简单而纯粹的文字拼凑，它需要结合企业自身的品牌特性和定位，并针对外部市场环境，和消费者的认知、习惯语言建立起关联。

判断一个Slogan是否具备价值，我们可以从三个维度来判断。一要找到消费者的场景需求。之前我们说过，没有消费者需求就没有产品，也就不会产生品牌，所以Slogan出发点就是要有消费者的需求场景。二要说得清楚你的产品或服务。既然已经知道消费者需求场景了，企业就需要告诉他们我如何来提供产品解决方案或者品牌解决方案。一定要结合自己的产品名或品牌名。三要加入能促进消费者购买的暗示。什么是消费者购买暗示，即通过Slogan中的动词，促进消费者购买。所以，简短的一句话要包含三个要素，有人说Slogan一字千金是有道理的。

我们举例来拆解："怕上火，喝王老吉"这句话虽然只有七个字，但是清晰地传递出从消费者需求到产品，再到解决方案的过程。"怕上火"是场景，也是消费者需要解决的一个问题；"王老吉"是品牌推出的产品，即解决方案；"喝"，是一个暗示性的动词。

"装房子,买家具,我只来居然之家"。"装房子,买家具"是消费者的需求场景;"居然之家"是解决方案;"我只来"是一个引导的短语。

如果消费者的需求场景不准确,解决方案表达含糊其辞,或者也不能促发消费者行动,那么这样的Slogan价值就会低很多,比如:"味道好极了""科技以人为本",则很难挑动消费者的神经。因为消费者不知道这句Slogan在说什么,更不用说有行动了。

还有一句大家耳熟能详的Slogan:"钻石恒久远,一颗永流传。"有人说这是一句经典的Slogan,我不认同。这句话中没有品牌名出现,它是哪个品牌的?反正我不知道这是哪个品牌的Slogan。相当于传播了很长时间,但是消费者居然还不知道它是谁!消费者无法识别,就不能转化为他们对品牌的认知,倒是推升了他们对钻石行业的认知。

请注意:如果Slogan仅是感觉更有意境一些,而无法让消费者认知我们,选择我们,那么我们的Slogan创意及逻辑就已经跑偏了。

另外,重点说一下,将品牌名称融入Slogan中也非常关键。比如:上天猫,就购了;旅行前,先上马蜂窝;今年过节不收礼,收礼只收脑白金。

如果没有品牌名称融入,你能否识别以下广告语的品牌?

① 有它就有快乐事。
② 科技以人为本。
③ 动态的诗,向我舞近。

④ 味道好极了!

⑤ 沟通从心开始。

答案:① 德克士;② 诺基亚;③ 丰田;④ 雀巢咖啡;⑤ 中国移动。

如果这些广告语和品牌名称一起出现,则消费者可能还会通过品牌光环来认知,但是即使如此,比如德克士,有它就有快乐事。如果去掉德克士这个品牌,大家还能从这一句话中认知这家企业是干什么的吗?

尤其是现在很多新品牌、新品类,本身就缺少品牌的知名度,企业要尽量运用一句 Slogan 来把自己讲清楚,同时让消费者识别我们。例如"毛豆新车网,一成首付买新车"。

有时候我们会把价值观和 Slogan 相混淆。比如 Just Do It(耐克);Think Different(苹果);一切皆有可能(李宁)。前两句是价值观,而最后一句既是价值观,也是 Slogan。

甚至还有很多企业把企业使命、价值观当成 Slogan 混用,比如:品质先,方敢天下先;鲜活色彩,演绎商务新境界;四海皆朋友,抱团打天下;诚信、务实、合作、共赢……这些我们都要注意避免。

Slogan 要洞察需求、提出产品或解决方案,才能影响终端消费者作出正确的选择。怕上火,喝王老吉;毛豆新车网,一成首付买个车;爱干净,住汉庭;怕上火,喝王老吉。对照这些 Slogan,它们不光是创意的产物,更是逻辑的成品。

总而言之,一个好的 Slogan 能做到以最小成本和最大势能传播品牌的核心信息,帮助企业节省市场推广费用或放大广告投放价值。比如,瓜子二手车的"没有中间商赚差价"不仅清晰直接地给出了品牌赋予受众的价值感,还很容易让受众产生对其竞争对手的排斥心理。但其实大多数互联网二手车交易平台都是这么做的,只不过少了这么一句精准的广告语让消费者感知到,这句简明直接的广告语,也让瓜子二手车成功地后来者居上。

想要创造出一个好的 Slogan,有 5 个小技巧:① 先对后美;② 口语化、俗语化;③ 常变功能为利益;④ 差异优势要体现;⑤ 精神召唤更吸引。

先对后美

任何 Slogan 的评判标准都是"先对后美"。

什么是对?首先要能洞察到消费者的需求,其次要为消费者提供一个解决方案,最后还要暗示消费者去购买。

美,是找到对的方向后,再进行话术提炼。比如"怕上火,选王老吉"和"怕上火,喝王老吉",虽然只有一字之差,也没有太多意思上的变化,但是"喝"字比"选"更有场景及画面。

口语化、俗语化

口语化、俗语化,即大家日常工作、生活当中经常所说的和所听到的那些更像口语的 Slogan。因为传播是一种口语现象,先有语言,后有文字;先有口语,后有书面语。如果 Slogan 只有播,没有传,是品牌的最大损失。

因为能传播的Slogan符合消费者的记忆习惯,我们能记得的很多Slogan都是非常口语化的句子,比如:他好,我也好;人头马一开,好运自然来;牙好,胃口就好等,这样的话语就是来自人们的日常生活中,不拗口、很通俗,消费者听到了会记得住、记得牢。

常变功能为利益

品牌营销行业里有句话叫"要卖就卖煎牛排的嗞嗞声,而不是卖牛排",Slogan中要突出品牌或产品给消费者带来的利益点,譬如当年在所有同行都在炫耀自己的1 GB容量时候,苹果推出iPod,选择了"把1000首歌放进你的口袋里"这句话作为产品的Slogan,直击消费者获得的利益感,区分了竞争对手,也赢得了消费者的心。消费者并不会关心你的产品有多好,他们只关心你的产品对他有没有好处。这是我们反复强调的事情,贯穿这本书,如果到最后大家什么都没记住,记住这个思维逻辑也就够了。

差异优势要体现

Slogan要有差异化优势,消费者脑容量有限,只记得不同和给他带来的好处。企业必须要挖空心思在Slogan中体现品牌的与众不同之处,这种不同可以是具体功能,也可以是情感价值信仰,但不管哪种一定要界定准确才有力量。我说两个音乐手机应用程序的Slogan大家感受下,千千静听的Slogan是"千千音乐,听见世界"。酷狗音乐的Slogan是"就是歌多",相比之下,后者是不是更加具有吸引力?

精神召唤更吸引

就像人与人的沟通一样,能让你听进去的话,要不就是你喜欢的人说的,要不就是这句话本身能得到你的认同。想通过 Slogan 让用户和品牌产生情感或价值共鸣,要建立在对用户的深刻把握上,如 Roseonly 的"一生只爱一人";KEEP 的"自律给我自由",都是成功的代表。最后,Slogan 的表达最好简单,做到 3 个易——易读、易懂、易记。如果这句话本身还需要再进行解释,就是不合格的 Slogan。

最后,我们来总结一下一条好的 Slogan 有什么作用。

快速让消费者识别你、选择你

当我们的品牌在面对不确定的人群时,我们不能确定那些人是不是我们的需求用户,而我们要做的是清晰地告诉消费者我们是做什么的,能为你带来什么。就好比在人山人海的北京汽车南站,你是经营北京汽车南站到八达岭长城线路的,但你不知道哪些人是来旅行的,哪些人是来办事的。你能做的是问一问:"到八达岭长城,有没有去的?"这是最简单、也是最便捷的让消费者识别你的方式。

消费者选择一件商品或一个品牌,本质的目的是用其来解决他们某一个场景的需求,比如当他开车或上班犯困的时候,他可能需要一瓶饮料来提神,那么他会想到红牛、咖啡、东鹏特饮等。

那么消费者为什么会想到这些呢？一是因为功能属性（例如咖啡能提神），二是因为品牌提醒（例如东鹏特饮说，累了困了，喝东鹏特饮；红牛说，你的能量超乎你的想象）。

降低企业的营销成本

好的Slogan就是通过提升与消费者的沟通效率，从而降低企业和品牌的营销传播成本。过于陌生或拗口的Slogan，将大大造成用户的理解困难，降低传播效率，因为，如果品牌说的话太难理解、太难懂了，消费者在短时间之内很难搞清楚你到底是干什么的，就不会花时间去听你讲，更不会替你传播。

形成品牌和消费者使用场景的一对一联想

什么是一对一联想，就是当消费者有这个场景需求的时候，立马能想到你的品牌，或者将你的品牌纳入优先选择范畴。回到"怕上火，喝王老吉"，当消费者吃火锅怕上火时，第一个想到的就是王老吉；当消费者来到超市想买一个礼品送给爸妈时，自然会想到脑白金，因为脑白金天天说："今年过节不收礼，收礼只收脑白金"；当一个男士在商超的柜台上挑选去屑洗发水的时候，清扬会是他的优先选择之一，因为清扬天天告诉我们"清扬，无屑可击"。当消费者有场景需求时，都会在自己的大脑中链接几个品牌，而这几个品牌就成为他们优先选择。

价 值 主 张

品牌营销的战场不在市场上,不在于你的产品是不是比别人的功能更强大、价格更低廉,或者服务更好,拼这些东西很难形成核心竞争力。品牌营销的战场在消费者的大脑里,在于消费者对产品的认知。谁先抢占了消费者的第一认知,谁就赢得先机,谁的产品就会成为他们购买的首选。

为什么有些品牌花了大价钱投放广告,消费者却并不买账?为什么有些人费尽心血地去引流,响应者寥寥无几?为什么有些人投入了大量的人力、物力、金钱去培育客户,最终成交率却惨不忍睹?

原因很简单,你的品牌缺乏清晰而有吸引力的价值主张!无法刺激消费者的购买动机。我们需要浓缩一句超级话语来精准传递我们的价值主张。

在信息碎片化的今天,提炼品牌价值尤其关键,一条价值要能直击消费者的内心,要让消费者秒懂、好记,并且易传播。因为一个成年人平均每天要接触到三千多条各种各样的营销信息,当注意力被冲散,信息的有效传达也就越来越难。

首先,消费者接触品牌信息是碎片化的。营销就像一个钓鱼的过程,即利用产品、渠道、广告、活动把诱饵撒到消费者的身边。

很多人常想的场景是消费者搬着小板凳听你的演讲，而现实情况是他们正忙着自己所关心的一切事物，分散给品牌信息的精力只占全部精力的一小部分。但他们主动接受和思考品牌信息的时候有以下几种碎片化场景：从隔壁邻居、亲友的口中获取某些品牌的部分信息；从街角的某些广告牌中获取信息。逛街、逛超市时偶尔看到了某些品牌信息；上网时偶尔碰到品牌信息；看电视剧时被迫接受了某些信息；在某些会议、社交集会中看到品牌信息。碎片化的接触方式，决定了一个品牌真正发挥效力的时机和场景必然会在嘈杂的环境中完成。

其次，消费者从获取品牌信息、完成购买决策、使用初体验、推荐他人的整个流程同样是碎片化的时机和场景。所以，我们要学会提炼价值，让消费者秒懂，也便于传播。

有人说价值主张就是围绕你的产品，挖掘出一大堆对消费者的好处，这就是价值主张，其实这是一种认知误区，这只是产品的卖点而已。真正的价值主张是你给消费者购买产品的理由！你能解决消费者什么问题，他们为什么要买你的产品或服务，而不是买别人的，你要把这个理由讲得越具体越好。这个时候我们需要了解品牌定位。

打造差异化品牌记忆点

20世纪70年代，一对来自广告公司的好拍档艾·里斯与杰

第 7 章 好创意,好符号

克·特劳特重新定义了定位(Positioning)这个单词,这是对美国品牌营销影响很大的概念。

定位的概念出现后,一开始只用于传播用途。从传播角度来看,广告中不仅要讲出产品的特性,更要实现占领消费者心智的作用。逐渐地,他们二人的研究也从广告传播深入市场营销、品牌建设、企业经营管理等不同维度,最终将这个理念从传播层面上升到战略高度。

关于定位是一套比较系统的方法论,如果大家感兴趣,可以购买艾·里斯与杰克·特劳特所著的《定位》一书来深读,本节只是抛砖引玉,让大家有一个基础的认知。

定位,原意是锚点,心理学还有一个相关概念叫锚定效应,指人们在做决定或下判断前,容易受到相关的信息影响,该信息犹如一个沉重的锚,沉到了海底,让你的思维以该信息为基准,在它的一定范围内做判断。

我之前做过一个关于汽车的案例。大家都知道SUV(运动型多用途汽车)的底盘比轿车要高,通过性要更好一点,但是没有人具体地说过底盘有多高,这在消费者脑中也没有形成锚定效应。当时我们根据市场同类品牌,结合这款车的真实数据,将20厘米离地高度作为卖点,并将这个数字植入同类车型的意向客户脑中。那个时候,其他商家的SUV都有离地高度(大部分都在19厘米),但商家也不太注重这个数字。所以,只要有客户来看这款车,我们就会告诉他们这款车的离地高度可以达到20厘米,而同类别产品只有19厘米,当时这个20厘米的数字就会锚定在消费者脑中，作为他们选择SUV的参考。以至他们去其他的品牌做比较还会问这家SUV的离地高度是多少。这时无论其他人怎么说，这个数字已经锚定在消费者脑中了。

无论是营销产品，还是推广品牌，找到差异化的记忆点，创造消费者认知锚点是我们从事品牌营销工作的重要方式。每一个锚点可以用不同的呈现方式，既可以是视觉的、听觉的，也可以是其他表达方式。在之前我们说过五感创意符号，这些都可以运用到我们差异化中，这些差异化能协助消费者识别我们，甚至更愿意选择我们。

定位，有产品定位和品牌定位之分。许多人容易模糊这二者之间的区隔。其本质逻辑基本相同，即找到差异化，形成锚点，创造消费者记忆符号，但在具体应用层面上各有侧重。

首先看一下产品定位。产品定位主要针对产品层面作出的竞争区隔。如果能通过产品创新、产品设计、产品销售主张等，创造出具有差异性的卖点，会在很大程度上帮助企业在红海竞争中反败为胜。可以说，产品定位是否成功，也是品牌定位和市场定位是否成功的根基所在。

1995年，感冒药市场竞争激烈，康泰克、丽珠、三九等雄踞市场。这时，有一家叫盖天力的实力并不雄厚的药厂，也做了一款感冒药。它想在感冒药这个产品细分领域切分市场，并爬到市场第一、第二的位置。可想而知，如果没有独特的产品定位，估计比登天还难。

盖天力苦苦寻找，终于找到了一个独特的销售主张：白加黑。

这个理念其实很简单,它把感冒药分为白片和黑片,并把有可能导致人昏昏欲睡的镇静剂"扑尔敏"只加在黑片中。其他什么也没做。但是,这个看似很简单的动作,却给盖天力找到了一个非常独特的销售主张:白天服白片,不瞌睡;晚上服黑片,睡得香。他们把这个销售主张,提炼成一句精炼的广告语:治疗感冒,黑白分明。

这一下子,整个感冒药市场被撼动了。"白加黑"上市半年,销售额就突破了1.6亿元,占领了15%的市场份额,获得行业第二的地位。这一现象,在中国大陆营销传播史上堪称奇迹,又被称为"白加黑震撼。"

盖天力白加黑的产品差异化明显,消费者记忆独特。在这个产品定位中,运用了一个非常重要的方法——USP产品定位。

20世纪50年代初,美国人罗瑟·里夫斯提出USP理论,要求向消费者说一个"独特的销售主张"(Unique Selling Proposition),简称USP理论。

USP理论独特的销售主张包括3个方面:

(1) 强调产品具体的特殊功效和利益。每一个广告都必须对消费者有一个销售的主张。白加黑独特的销售主张是,白天服白片,不瞌睡;晚上服黑片,睡得香。把感冒药做成黑白片是独特的创举。

(2) 竞争对手无法提出。这一项主张,必须是竞争对手无法也不能提出的,且具有独特性。如果我们提出的主张竞争对手也能跟进说同样的话,那么这就算不上独特的销售主张。简单来

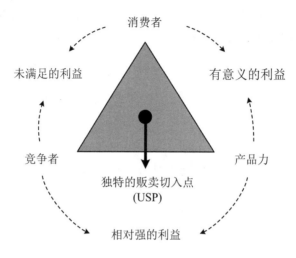

图 7.7 USP 产品定位

说,就是这个独特的价值主张只有我能说,别人不能说,即使说了也是模仿。再比如"充电五分钟,通话两小时",别的手机可能也可以做到,但不能这么说了,说了也没有意义,也因为消费者已经把这句话和 OPPO 手机画上了等号。

(3)有强劲的销售力。这一项主张必须很强,足以影响成百万的社会公众。回归到本质,产品需要消费者买单,如果我们的独特价值主张消费者不认可也不行。很明显,白加黑洞察了消费者白天与黑夜对感冒药的需求。

接下来我们来看品牌定位。品牌定位主要针对品牌层面做出竞争区隔。产品定位关乎产品,而品牌定位关乎心智,品牌要在消费者心智中占据有利位置,使品牌成为某个类别或者某种特性的代表。当消费者有相应需求时,就会自动想到品牌,从而赢得商业机会。

准确的品牌定位能让你的从众多同类或同行业的品牌中脱颖而出，犹如灯塔一样吸引着消费者自动上门了解、关注，并产生认知偏好。

品牌定位的方法有很多，原则是要根据市场环境和企业自身优势。下面提供一些常见的方法供大家参考。

成为第一个

这是最高心法，用实力成为市场第一。当你是第一时，意味着赢家通吃。比如美国的谷歌、中国的百度，都是各自国家的搜索类绝对领先者。

创造一个你能成为第一的领域，才能牢牢被消费者记住。第一个登上月球的是阿姆斯特朗，那么第二个呢？世界第一高峰珠穆朗玛峰，第二高峰呢？成为第一胜过做得更好，这也是很多品牌对定位"XXX品类开创者"趋之若鹜的原因。但是成为第一个，也往往有风险。第一往往是先驱牺牲者，所以活下来成为第一名也很重要。

中国第一家电商公司是谁？大家只知道，中国第一名的电商公司是阿里巴巴。第一台电脑品牌是什么？大家只知道世界最有知名度的电脑品牌是苹果。第一不是那么好当的，既要起得来，也要守得住。活下来的第一名比开创的第一个有时候要厉害。

成为第一，是很多公司营销的有效方式，常用领导品牌、销量王来定位,如香飘飘奶茶——连续七年,销量遥遥领先,环绕地球 n 圈。同时需要注意,新广告法中对"第一""领导"等词明令禁止,所以适时而动、适时而定才是定位的精髓。

开创新品类

说到定位,不得不说品类,因为如果品牌开创了一个新品类,并且这个品类得到了市场的验证,对于品牌来说无疑非常重要。这也是很多品牌在积极突破的方向,但是我们在开创品类之前,还是要先聊消费者与品类的关系。

为什么要先聊消费者?因为很多品牌说,我开创了新品类,也投了几千万,甚至几个亿下去,为什么建立不起来品类呢?这就要回归到消费者。首先你得明白消费者心中有没有这个品类,如果你开创的新品类都不是消费者心中有的品类,那么就会遇到失败。开创品类不是无中生有,而是切入在消费者脑中本来就有的品类,这一点非常关键。

举两个关于围绕"茶"的品类开创的案例来说明。

案例一:某品牌茶和咖啡产品

市场推出一款调味茶饮料——茶和咖啡组合产品。简单说,就是一款咖啡豆加红茶的添加茶饮料。普通的茶本身就有提神的作用,加上咖啡豆,看来它的提神醒脑能力会比较强。那这个品类是否可以开创出来呢?

我们要问一个问题,市场上有这样的茶和咖啡组合吗?就是有没有这个品类?

有报告显示,国内茶饮料市场品牌集中化程度比较高,其中,统一、康师傅、麒麟、王老吉、三得利、雀巢等品牌的市场占有率达到九成左右。而在调味茶市场上,奶茶是大家最熟悉的产品了,它们占据了这个领域差不多一半的份额。常见的包括:统一的阿萨姆和阿萨姆小奶茶小椰、康师傅的经典奶茶和一刻馆奶茶、麒麟的午后奶茶系列、天喔茶庄的炭烧奶茶、农夫山泉的打奶茶等。另外,就是添加了水果成分的茶,比如最近比较热的农夫山泉茶π(分为4种口味:柚子、柠檬、西柚、蜜桃)、统一的小茗同学(青柠、冰橘等4种口味)、立顿英式果茶(野莓、蜜桃),此外还有统一缇拉图、康师傅浓浓果茶等。

如果按照添加成分来看,目前在市面上几乎没有看到在茶里添加咖啡豆的产品。也就是说在消费者脑中是没有咖啡加茶这样一个品类的,那这就是巨大的风险。另外该产品可能还面临一部分来自即饮咖啡的竞争压力,那么开创这样的品类肯定不是上策,连中策都算不上。因为在消费者脑中,大家并不太喜欢将茶和咖啡放在一起喝,更何况这个品类即使成立后,既需要和茶市场竞争,也需要和咖啡市场竞争。结果证明了这个品类的开创以失败而告终。

案例二:小罐茶

2017年6月,小罐茶正式上市,只用了不到两年的时间,小罐茶就一飞冲天,年销售额突破11亿元,震惊大半个茶业。

从古至今,茶一直是中国符号,也是国民饮品。然而传统茶叶企业大都瞄准了这样的一个消费群体:人到中年,兜里有钱,面子消费。这样的一群人在茶叶厂商眼里是面目模糊的，隔着多层大大小小的经销商，隔着各种大大小小的渠道，他们更像是冷冰冰的销售数据，而非活生生的人物画像。而在营销套路上，无非是"经典传承""历史底蕴""奢华大气上档次"等老掉牙的说辞。小罐茶把目光投向了商务礼品，同时向更年轻的消费者，具体为80后、90后"年轻精英"下探，和8位制茶大师联手打造，提出"小罐茶，大师作"的口号，开创了"现代派中国茶"。小罐茶在品类开创上还是成功的，建立了中高端的现代派中国茶。

小罐茶品类开创，首先还是基于消费者已有的对茶品类的认知。如果消费者都不喝茶，那么小罐茶说再多的"大师作"都没用。所以开创新品类，一定要在消费者已有的认知中开创，不是无中生有。

第二法则

借力第一，为我所用；做到第二，就是第一。东邪西毒南帝北丐，南乔峰北慕容。学会借力也是非常好的法则。

中国两大酱香白酒，其中一个是青花郎。大家都知道最好的酱香酒是茅台，青花郎比肩茅台。现在剑南春酒也在说："中国白酒销售前三。"

功效利益定位

功效利益定位就是根据产品或者所能为消费者提供的利益或功效、解决问题的程度来定位。由于消费者能记住的信息是有限的,他们往往只对某一利益有强烈的诉求,容易产生较深的印象。这以宝洁的飘柔定位于"柔顺";海飞丝定位于"去头屑";潘婷定位于"护发"为代表。

香飘飘从奶茶的销量王者的定位调整为功效利益定位"小饿小困,喝点香飘飘"。加多宝的功效利益定位为"怕上火,喝加多宝"。

消费者群体定位

该定位直接以某类消费群体为诉求对象,突出产品专为该类消费群体服务,来获得目标消费群体的认同。把品牌与消费者结合起来,有利于增进消费者的归属感,使其产生"这个品牌是为我量身定做的"的感觉。比如"男人的衣柜——海澜之家"。

建立身份标准或法则

根据品类生产制作过程或者选材等不同的要求,抢占至高标准,打造品牌不同的档次身份感。比如,特仑苏的"不是每种牛奶都叫特仑苏",即更高标准专属牧场。

历史传统(或出身血统)

即以产品悠久的历史建立品牌识别。消费者都有一种惯性思维,即对于历史悠久的产品容易产生信任感,一个做了这么多年的企业,其产品品质、服务质量应该是可靠的,而且给人神秘感,让人向往,因而历史定位具有"无言的说服力"。比如,泸州老窖公司拥有始建于明代万历年间（1573 年）的老窖池群，所以它是用"您品味的历史，国窖 1573"的历史定位来突出品牌传承的历史与文明。

产品工艺

乐百氏纯净水讲"27 层净化"（老生常谈，所有纯净水都几乎是 27 层净化）。

厨邦酱油讲"晒足 180 天"。

文化精髓

将文化内涵融入品牌，形成文化上的品牌差异，这种文化定位不仅可以大大提高品牌的品位，而且可以使品牌形象更加独具特色。比如，井冈山的红色文化（红色城市、红色旅游），可口可乐的快乐文化。

概念定位

概念定位就是使产品、品牌在消费者心智中占据一个新的位置，形成一个新的概念，甚至造成一种思维定势，以获得消费者的认同，使其产生购买欲望。该类产品可以是以前存在的，也可是新产品类。比如金龙鱼的"1∶1∶1 均衡营养"。

当然，以上的一些方法仅供大家参考使用，并非鼓励大家邯郸学步。品牌想要做好定位，并把这个定位植入消费者脑中并非简单的事情，还是需要做很多的工作，这里提供 4 条参考的方法。

定位占据消费者核心四部曲:

第一步,分析和了解外部环境,确定我们的竞争对手是谁,竞争对手的价值是什么等一系列问题,这个需要备足功课。

第二步,避开竞争对手在消费者心智中的强项和优势,或者利用其弱点,确定品牌的优势位置。

第三步,为这一定位找到一个可靠的证明。

第四步,将这一定位整合进企业内部运营的方方面面,特别是传播上要有足够的资源和声量,以便打入消费者的心智。

第8章　构建消费者认知

用常用及适合的方式,积累消费者对企业的认知。

品牌需要传播

品牌传播,是指企业告知消费者品牌信息、劝说其购买品牌以及维持品牌记忆的各种直接及间接的方法。我们处在一个信息爆炸的时代,我们每个人每天都会接触海量的信息。在以前产品为王的时代,企业的产品就是最好的广告。只要企业能为市场提供好的产品,就会有人上门来找你,因为供不应求;在渠道为王的时代,企业依靠强大的渠道能力传递自己的品牌,只要企业把渠道服务好,渠道就会替企业来传播;而现在是消费者时代,互联网让信息扁平化,消费者获得信息、购买产品将更加便捷。现在我们需要学会直面消费者,和消费者近距离沟通。我们发现大而不强的品牌在逐渐失去市场,一个又一个的小众、圈层品牌在崛起。这都是中小微企业的机会。以前基本上都是大企业说了算,市场也很难给中小微企业或者个人快速发展的机会,而这个时代让中小微企业有机会能够和大企业同台竞技。例如,社交化传播,我们现在常见的微商、微信团购、直播带货等,中小微企业甚至个人都可以通过直接连接消费者来获得企业品牌的传播。

时代在变,传播的主要媒介也在不断地发生变化,不管媒介如何变化,但其传播的核心基础逻辑不会变,即消费者在哪,品牌传播的战场就在哪。比如,一开始品牌喜欢通过报纸来传播品牌信息,因为报纸是人们经常阅读的刊物;随着电视机的出现,人们慢慢地将时间花到看电视上,所以电视广告成了流行;互联网的兴起,尤其是移动互联网的快速普及,使互联网线上的媒介越来越受重视。哪里有人哪里就是品牌传播的主战场。或许未来还会出现更多的形式,但是万变不离其宗。

品牌传播不是目的,让消费者记住你才是目的。而让消费者记住我们的关键在于重复。

1901年,生理学家、心理学家巴普洛夫整理了对狗的消化道实验结果,提出条件反射理论。有人把品牌传播的过程比喻成"洗脑"的过程,话糙理不糙,在品牌宣传的轮番攻势下,我们都是"巴普洛夫之狗"。重复出现的事物,会让人有亲切感;出现的次数多了,人们自然而然就会对它产生某种好感。事实上,不仅人物、图片如此,音乐等艺术形式也是如此——让我们情不自禁一起摇摆的音乐节奏,其实就是强弱鼓点有规律的重复。

心理学家扎荣茨曾提出曝光效应,也叫多看效应:一个人只要不断出现在自己眼前,自己就会大概率喜欢上这个人。这个理论后来成为广告营销的重要理论基础。奥美创始人奥格威曾在火车旅行中,问过箭牌口香糖董事长里格利类似的问题:

"为什么市场上占有率已经那么高了,还要继续为他们的口香糖做广告?"

"你知道这辆火车开得多快吗?"里格利反问奥格威。

"估计每小时一百四五十公里吧。"奥格威回答。

"那如果我们松开引擎呢?"

品牌传播何尝不是,如果我们松开引擎,品牌的知名度就会如同松开引擎的火车一样,从降速到最后的静止。

不断重复出现在用户面前,推动品牌增长。无论是广告投放、公关活动、互联网矩阵,还是社交化裂变,品牌传播就是要不断地占据消费者视觉、听觉空间。这就是为什么那些已经很知名的品牌还在不断地做传播。可口可乐知名度最大,但它依然是最大的广告主;宝洁的产品早已渗透我们的日常生活,但是它的广告量依然庞大;麦当劳虽然已是妇孺皆知,但它每年依旧要投放大量的广告。你无法想象可口可乐有一年不投入巨额的广告费。为什么?因为消费者会遗忘!有没有可口可乐,对消费者而言没有你想得那么重要。同样,对其他品牌也是如此,更何况品牌还有竞争对手可以来补空。

品牌传播的最终目的就是要发挥创意的力量,利用各种有效方法在市场上形成品牌声浪,有声浪就有话语权。重复是主要策略。宣传的力量来源于重复,这是一切政治宣传家的常识,却往往被企业品牌营销部门所遗忘,它们常常以没预算草草了事。重复就是投资,而且重复投一件事是最大的创意。脑白金十几年持续投一句话:"今年过节不收礼,收礼只收脑白金",这可能是中国男女老少、城市乡村传播最广的一句广告语。

衡量消费者对品牌的认知,一般有3个维度:知名度、美誉度、忠诚度。简单来说,就是听没听过你,喜不喜欢你和愿不愿意复购你(或推荐你)。

做品牌传播,我们要始终关注知名度。至于美誉度,不是品牌的一个阶段,也不是目的,而是一个结果。品牌做的每一件事,都是品牌形象的展现。无论是企业形象、个人形象,都是你的所作所为、一言一行给大家留下的印象,而不是你的形象工程、形象广告带来的。获得美誉度没有捷径,都是靠企业一点一滴积攒起来的。而获得品牌忠诚度,对于企业来说就更难了。人们喜欢你,是因为你可以给他们带来价值、创造价值。疫情过后,一些知名的火锅店价格有微幅上涨,消费者立马就不愿意了,哪怕你是火锅中的"大佬"。我们永远不能指望消费者忠诚于品牌,相反,我们要时刻忠诚于消费者。

知名度第一,就等于有销售优先权。占据市场最大份额的公司,在大多数情况下,都不是所谓"做得最好"的公司,或"声誉最好"的公司,抑或"消费者对它最忠诚"的公司,而是知名度第一的公司。品牌传播,永远要投资于品牌知名度,这是包赚不赔的生意。

现在随着互联网的兴起,有人说品牌传播的逻辑已经变了,从之前的知名度为先[图8.1(a)],到现在的美誉度为先[图8.1(b)]。其实本质并没有改变,无论是之前的传统品牌传播,还是现在的互联网传播,都需要有消费者先了解品牌或产品。不同的地方可能在于营销的思路发生了变化。

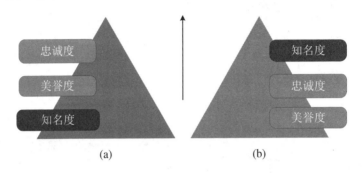

图 8.1　品牌传播的维度变化

传统的销售逻辑是产品—渠道—消费者,企业先有产品,然后把产品放到渠道销售,最后消费者购买产品。所以就需要做品牌传播,提升知名度,让更多的消费者知道这个产品,以便看到这个产品时选择这个产品。我们称之为"货架思维",当你的产品和其他的产品放在一起时,为什么消费者会选择你,可能就是因为他们听过你,更有信任感。

而互联网销售逻辑是消费者—产品—渠道,我们先研究消费者,然后生产一款适合他们的产品,最后放到渠道(场景)销售。所以这个时候大家更关注的可能是美誉度,因为只有消费者喜欢,才会购买企业的产品,进而会复购,最后会逐步扩大知名度。但是无论如何,如果消费者都不了解品牌或产品,怎么来的美誉度呢?只是我们把知名度包含的范围缩小了而已。

初创品牌的传播之道

谈传播容易,落地就比较难了,尤其对于一些中小微企业来说,它们真的不是不想,而是没钱,或者还没有找到低成本传播的方法。

对于有实力或者融到钱的初创企业,品牌传播有很多种选择,甚至是海、路、空同时轰炸,线上与线下的整合营销都能给予足够的火力覆盖,因为扩大知名度是永远不会亏本的买卖。以这种方式进行品牌传播会给品牌带来直接的知名度提升,同时也提高品牌在消费者脑中的印象,尤其是面对同品类产品更迭频繁、市场的激烈竞争时。初创公司如果没能在早期迅猛快速地打出自己的品牌特色、形成品牌优势,就很容易被竞争对手抢占先机、失去先发优势,后期打造品牌的成本也会大幅增加。

而现在更多的初创企业没有资金支持,也没有足够的市场渠道和人员,大规模的品牌传播可能会难以执行,那这些初创企业如何来传播呢?

以前在媒介资源垄断时代,初创品牌确实很难传播,无论是传统的电视抑或报纸,都需要花大钱。而在互联网时代,初创品牌的传播将会获得很大的红利,例如,它们可以以较低的代价在线上构建自己的网络平台矩阵,即把几个大的网络平台、高权重的网站，全部注册同一个品牌名，再在百度贴吧、百度文库、百家号、新浪、凤凰、网易、搜狐、知乎、今日头条等平台，注册同一个概念作为品牌。总而言之，这些网络平台都为初创品牌提供了便利。当然，互联网的信息同样是海量的，你的品牌传播如果要想"脱颖而出"，先要做一番内功修炼。

首先，要在品牌定位、产品打磨、核心价值提炼、品牌故事、品牌传播等方面下足功夫，才有可能在海量的信息中获得自己的一席之地。

其次，学会成本最低的方式——软文推广。先准备一些用于传播品牌的故事性软文，然后进行全网推广，也可以花一些小钱做到几千个网站，甚至几万个网站同时去推广一个品牌概念，不用一个星期，你的品牌就会上各个搜索引擎首页。消费者无论走到哪里，只要他搜索相关的关键词，就会出现大量关于你的品牌信息，这对消费者心理的冲击力将会非常巨大，他会认为你的品牌非常有实力。

如果条件允许，再把线上、线下、KOL（关键意见领袖）整合起来，对同一个品牌或产品进行集中式"发声"。那么如何去推广自己的品牌呢？有一招非常不错，就是写软文。你的软文可以包含品牌定位、产品卖点、核心价值、品牌故事等。如何写好品牌推广软文？

写好品牌推广软文或文案的6个要点。

有知识

文章对消费者要有所帮助。你的生意做的是哪个行业，就要围绕这个领域不断地为消费者贡献价值。日复一日地不断分享某个行业知识,俗称"干货文章"。这需要大量的时间与心血去搜集原材料,然后把它加工成对消费者有用的文章。你写的文章,只要对消费者的生活有帮助,不管是有实用价值,还是有情感价值,都可以吸引他们。

有观点

很多人写文章生怕得罪人,天天写一些四平八稳的文章,缺乏个性,没有特色,没有人愿意看。文章要能够传递你的观点、个性、思想、情怀。在互联网世界,无论是美名还是骂名都会带来流量,而流量就是知名度,对于企业来说,要尽量赢得好的声誉,因为很多企业都是倒在网民的口水中。当然,初创品牌如果能引起网民的热议本身就是一件很不容易的事。

专业性

如果你写的是专业类软文,一定要知识功底深厚,具有权威性。

情感故事

情感类传播广告,以故事为主。故事不仅能塑造价值,更能拉近企业跟客户之间的心理距离,产生情感共鸣。一家做装修装饰的企业,就需要多说它和客户之间的故事,例如,怎么把一个毛坯房打造成现在的精品空间。用一个一个故事来引发读者对品牌的共鸣。

有趣味

当然在互联网世界,能带来一些快乐也是不错的选择。传播品牌,可以写一些幽默段子,或者更能够让消费者在轻松一笑中若有所悟的"鸡汤"。总之,我们要找到吸引读者的素材和互动方法。

学会让别人夸我

软文也需要媒体的曝光,初创公司一定要有一部分钱花在公关上,当我们有了基本的东西,就要给公关所谓的媒体弹药让他们去帮你讲故事。公关和广告最大的区别在于,广告是自己夸自己,公关是让别人夸你,所以公关在这个方面更有效。

初创品牌广告传播的秘诀就是要让文案产生势能。所以,你不要指望靠写一篇文章,就让产品大卖。我们要懂得通过文案来布阵,来给品牌造势。

最后,设计内容传播矩阵,因为如果你说自己经营什么产品,消费者上网一搜,除了你们公司自己的网站之外,其他网站上根本没有品牌的信息,他会认为你这个品牌没什么实力,从而导致不相信你的产品。

同时,对于初创品牌来说,软文/文案的矩阵要缩小范围,专攻某一个阵地,如果你的时间、精力有限,广告资金也不足够,那么建议你主攻一个平台。

什么意思呢？比如，你做百度贴吧，你可以买20个贴吧号，每个号发不同的文章，但是所有文章都指向一个品牌概念。你做今日头条、搜狐自媒体等，也都是一样的道理，你要聚焦在一个平台上，多用小号推广同一个品牌概念。如果这个品牌概念在这个平台上被炒火了，它会被搜索引擎自动收录，实现全网传播。

对于初创品牌，一切应以品牌的核心价值为原则，无论选择广告、公关，还是新媒体传播方式，将特定品牌信息推广出去的行为都算是品牌传播。再次强调一点，越是新的品牌，我们越是要学会借用尽可能多的方式、方法，哪怕是蹭流量，也要想着法子去提高我们的知名度。

品牌故事是文案的最好载体

品牌故事是品牌传播的小喇叭。

我们天生就有好奇心，对于好玩、有意思的事情会天然的感兴趣。现在品牌故事已成为一种非常重要的互联网传播软文，也是很多品牌营销非常重要的素材之一。比如，百雀羚草本就非常会讲故事。"青藏高原、神农架、武陵山……北纬30°孕育了无数神奇的自然环境，也孕育了百雀羚的忍冬花。百雀羚守护着北纬30°这片天然忍冬花，以每一件产品向天然致敬，努力让每一位消费者都能拥有它。"这是百雀羚讲的一小段故事，我们能从中感受到百雀羚用故事的方式来诉说着品牌的价值。

故事是性价比极高的文案利器。人类的大脑天生容易记住故事。故事之所以威力巨大，是因为故事总是能使人联想起画面，也就是制造所谓的画面感。

来看一段流传很广的广告文案："你写PPT时，阿拉斯加的鳕鱼正跃出水面；你看报表时，梅里雪山的金丝猴刚好爬上树尖；你挤地铁时，西藏的山鹰一直盘旋云端。"对比另外一个版本："你写PPT时，别人在旅行；你看报表时，别人在旅行；你挤地铁时，别人在旅行。"表达同样的意思，第一段话更让人动容，第二段话让人打瞌睡。因此，如何讲好自己的品牌故事非常重要。

正如坊间关于苹果公司的传说，虽然是网上杜撰的，却具有非常明显的传播效果：世界上有3个改变世界的苹果。第一个被夏娃吃了，开启了人类的欲望；第二个砸中牛顿，让他发现了万有引力；第三个被乔布斯咬了一口，出现了风靡世界的苹果系列产品。

品牌故事不能趴在品牌手册上，而要流传于消费者口头。很多人在讲品牌故事的时候，特别喜欢强调品牌取得的辉煌成绩，写得跟新闻报道、国家历史大事件一样。这样的故事，即使你花了钱去投放新闻源，又会有谁感兴趣去听？恐怕只有同行或者竞争对手。

故事是文案最好的载体，营销人最重要的能力就是学会给消费者讲故事。故事可以让品牌通过文化传播，在消费者大脑中建立无法替代的情感壁垒，让后来者无论怎么模仿也无法替代或超越它。

故事的作用,就是把品牌带有的独特价值观、独特的情感,深深烙印在消费者心上。任何品牌诞生时,都不出名,都非常弱小,谁会去关心呢?

让产品在消费者大脑中形成情感记忆的方法并不难,就是要围绕品牌定位打造好概念与价值主张,围绕产品概念来展开各种故事。通过讲故事的方法,不留痕迹地将产品的来龙去脉、价值主张、使用效果、售后服务等讲述清楚。并将信息传递给消费者,而不是仅靠自卖自夸的产品介绍书,因为消费者对产品介绍会产生本能的防御心理。总之,品牌故事就是借助一种生动、有趣、感人的方式阐述品牌背景、品牌理念及定位等信息,以唤起消费者的情感共鸣。因此,一个好的品牌故事必然是引人入胜的、极具吸引力与号召力的,也能最大程度决定品牌联想。

从本质上来讲,品牌故事就是一种沟通策略,需要融合多领域的知识,如心理学、行为学、语言学、神经系统学等,各种概念就像毛线团一样,剪不断理还乱。这也是品牌和营销学科看上去简单,做起来却十分复杂的一个原因。

那什么是一个好的品牌故事呢?一般来讲,需要具备以下这几点:

围绕品牌的核心价值观

"现代营销学之父"菲利普·科特勒曾经对故事营销做过一个解释:"故事营销是通过讲述一个与品牌理念相契合的故事来

吸引目标消费者。在消费者感受故事情节的过程中,潜移默化地完成品牌信息在消费者心智中的植入。"

举个例子,褚橙背后的品牌核心价值观其实就两个字:励志。这是褚橙区别于别的普通橙子的核心因素,褚橙浓缩的是褚时健的人生经历以及从低谷再崛起的不服输的精神。

品牌定位引领故事延展

故事再好,也要符合品牌的定位,如果故事讲得很好,但是消费者不能从故事中吸收到关于品牌定位的信息,那么我们就是缘木求鱼了。也就是说,品牌故事要围绕品牌的定位来说。

例如,褚橙:一颗励志橙。就是围绕"励志"来展开的,讲述一代烟王出狱后二次创业的故事。品牌故事的很多内容也都与励志相关。

火星人集成灶:炒一百个辣椒都不怕。讲述的是火星人如何用技术来突破烹饪中油烟带来的烦恼。99.95%油烟吸净率,终结橱柜油腻,第一次让你放心选择开放式厨房。

Roseonly:一生只爱一人。您,即送花人今生唯一所爱。讲述的是男人送花只能送给唯一的她的故事。"Roseonly"创立于2013年1月4日,品牌自诞生起便不断强调两个概念,一是厄瓜多尔玫瑰,二是"一生只送一人"的购买规则,买 Roseonly 的玫瑰得是注册制,指定唯一收礼人,终身不能更改。

故事内容真实可信

品牌故事不是空中楼阁,不能脱离于产品存在,需要实体的支撑。如果我们产品真实的反馈并没有那么好,我们的品牌故事即使说得天花乱坠也没用。我们的品牌故事必须源于产品,通过产品材质、包装、细节、卖点等环节的塑造,提升品牌的感知度及可信赖度。比如,褚橙作为励志橙,作为褚时健先生的 IP 之外,在产品上和价值观的传递上也都是一脉相承,上下一致、真材实料的。

传播渠道建设和传播节奏把控

很多故事能流传,传播渠道的建设必不可少。就拿褚橙来说,如果没有王石、韩寒等网红大号的站台背书,没有媒体的发酵与宣传,褚橙也不会很快就火起来。很多事情我们看到的以为是巧合,其实是被规划过的内容。中小微企业要结合自己的实际情况把握好渠道建设和传播节奏。

品牌故事也是一种文化与象征

Prada 所有故事都在强调其独特的精神———一种强势、精致的独立。并不是干巴巴地讲述。那部风靡全球的电影《穿 Prada 的女魔头》就是对 Prada 品牌故事的一次完美展现。Prada 家族几起几落的传奇故事,从早期的王室贵族的挚爱到后期濒临破产的边缘,第三代女掌门人毅然接过振兴家族的重任,从空军降落伞中找到尼龙布料,将传统奢侈品与现代艺术相结合,做出成功翻身的黑色的尼龙包,这种坚韧不拔追求完美的精神,正是 Prada 故事中最为动人的内核点,再加上后期品牌宣传动作中不断强化的干练时尚的奢华调性，让大家一提到 Prada，脑海中便会出现有别于香奈儿、迪奥妩媚娇柔的干练形象。

运 用 广 告

在品牌推广中，广告的作用是最直接的，越是竞争激烈的行业，广告对消费者的购买决策越是发挥着重要的作用。

首先，广告告知目标消费者商品的特点和概念，提供购买的理由，维护品牌的商品力。一方面，广告通过向消费者提供商品的信息来指导消费，另一方面，广告也在很大程度上创造着人们的需求。它向消费者提供购买的理由，引发他们的购买动机和购买行为。广告向目标市场发布商品的功效、品质和定位，以及不同品牌之间的差异，强化商品与消费者之间的联系，使商品的定位在大众心智上确立起来。简而言之，广告是品牌对外信息的关键载体。

其次，品牌文化在很大程度上是通过广告设计来创造的。与其他传媒信息相比，广告是在研究心理学、传播学、市场营销学等基础上形成的，是唯一有着鲜明说服策略、传达策略的信息。因此，广告对消费者的影响是很强大的。由于品牌文化是无形的，在一开始，消费者是很难从商品本身体会到的，而通过广告将商品所指向的某种生活方式或价值取向明示出来，这是一种十分直接的途径。这样可以让目标消费者通过认同广告中为他们设计的感受,而迅速认同品牌。例如,健身房在广告创作中一定会将美好的体型和健康的状态展现给消费者,以此来提供消费者购买的理由。

广告能直接有效地告知消费者购买理由。所以,无论是对外传递品牌信息,还是通过媒介来告知消费者购买理由,广告都是重要的方式。同时,我们也要注意场景不同,需要的广告内容也会不同。对于经营者来说,广告传播不仅要考虑到持续传播的策略,也要根据不同的广告媒介进行不同的内容设计。讲什么?怎么讲?策略很重要。品牌传播长期策略是什么?品牌的长期策略是针对品牌传播的"营销近视"提出来的,企业也需要重视对品牌资产的长期投资。通俗地说,形成我们自己的传播特色,并进行固化和长期投资,积累品牌资产,而不能天天换,以至消费者每天见到的都不一样。这样做的根本目的是让消费者更好地记住你。很多人都知道一句话:"今年过节不收礼,收礼只收脑白金",这就是一句典型的品牌资产长期投资的案例。脑白金上市至今,我们可能都没有买过一盒,但是我们却记住了这个广告。反之,如果今天脑白金换一句广告语,我们反而会觉得陌生。

在信息大爆炸的时代,如何减少广告浪费呢?

作为宣传时最常使用的一种手段,广告不管在品牌建设还是在营销推广中都占据了很重要的地位。既有阐述理念的品牌广告,也有达成销售的产品广告;既有引人入胜的平面广告,也有堪比电影质感的电视广告。其实,随着当下媒体种类的复杂化,人们有限的注意力被无限地分散，不管哪一种广告，都很容易被淹没在各种信息之中。想要挑出好广告，我们首先得明确一下，什么才算是好广告，好广告有没有一些共同特点。

讲清楚自己是谁比什么都重要

这是一个注意力稀缺的时代，消费者被信息的洪流包围着，除非他们有自己的具象需求，才会去搜索相应的产品信息，大部分时候消费者是不需要广告的，也不太关心企业的产品是什么，更不要说你还想让他们看企业的广告，对企业的产品产生兴趣，并且立刻掏钱买你的产品。

如果消费者无意间看到了你的广告，也有可能会忽视你的广告，因为当消费者遇到你的广告的时候，他可能正在接电话，可能正在赶路，可能正在吃饭，或者正在和别人说话，这个时候他所有的事情都可能比你的广告信息更重要。这个时候，企业的广告面对是一个注意力非常分散的受众，如果你要吸引他，让他把注意力放到你身上来。该怎么做呢？

直接告诉消费者你是谁。面对消费者，你不知道他们是谁，更不知道他们的名字。你知道的事实、线索只有一个——就是你自己是干什么的。好比我之前举的一个例子，站在拥挤的车站，你经营北京南站到八达岭的专线，这个时候，你根本不知道哪些人需要从南站去八达岭，你最好的策略就是喊出一句："有没有到八达岭的？"直接告诉别人你是谁，这是最经济、也是最高效的办法。尤其是在信息大爆炸且碎片化的时代,消费者的注意力都很稀缺,我们要主动去获得他们的注意力。

相对于绝大部分的主流产品来说,它们都是有需求市场的。不过,很多消费者没有意识到自己有需求,或他们的需求没被激活。这时,广告的目的就是激活消费者的需求,在他没有关注你之前,你说再多产品的独特优势,说再多优惠政策都无济于事。所以,我们要积极主动地告诉消费者我们是谁。这一点同样也很重要。

如何有效地进行"自我介绍"呢？这里我提出了一个WHY、HOW、WHAT模式,可供参考。

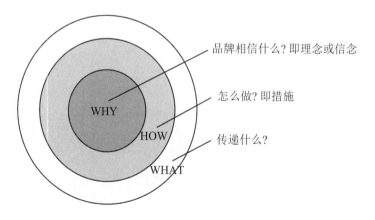

图8.2 WHY、HOW、WHAT模式

这个逻辑是广告需要告诉消费者"为什么要使用这个产品""这个产品能帮你改变现在正在头疼的什么问题""使用这个产品后,你的生活将发生什么变化"等。

以瓜子二手车直卖网为例。它的品牌相信什么？要让买家不吃亏；它怎么做的？采用直卖模式，让卖家直接卖给买家；它想传递什么核心主张？没有中间商赚差价。

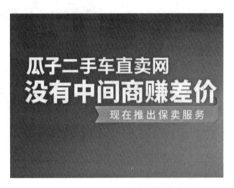

图8.3　瓜子二手车的传播主张

能向消费者传递购买理由

消费者有某类需求，他知道你的产品，但他也知道别人的产品，绝大部分营销竞争都发生在这里。这个时候，广告的目的就是让消费者看到你的产品的强势卖点，你的产品的突出优势、你的品牌的强大、你与其他产品的差异化特征等。

广告要让消费者知道"为什么选我""我跟其他的产品有什么不一样"。以老罗英语的广告为例。人民币一块钱在今天还能买点什么？一个鸡蛋？或者也可以到老罗英语培训听8次课。

消费者要的永远不是直径5毫米的钻头，而是直径5毫米的钻孔。如果你没搞清楚消费者的真实需求，广告的宣传点都包装错了，那就会事倍功半，甚至竹篮打水一场空，看不到效果也是很正常的。

这也像当年福特的例子：如果你问消费者他们想要什么？他们会告诉你，我要一辆跑得更快的马车！而消费者的需求其实不是马车，而是快、更快。所以，汽车应运而生，满足了消费者的需求。

很多时候，我们的广告做得确实不错，产品和服务也的确得到了消费者的认可，可他们就是不买。一个很可能的原因就是你没弄明白消费者是否真的有这样的需求。如果他们没有需求的话，你的产品卖点再强，他们也没什么兴趣。

所以，企业对于你的服务或产品，不妨沉下来好好思考一下这个问题——你的产品在什么样的场景下，用什么产品形态，满足什么用户的什么需求。想清楚这个问题，能少走不少弯路，尤其是在最强卖点的挖掘上，最好能用一句话概括你的产品定位，如果你自己都概括不了，消费者的需求如何与你的产品匹配？

重复是最重要的策略

在广告界，一直流传着"创意为王"这个定律，有了好的创意，你的广告就能被更多人喜欢并记住，其实这是一个错误的认知。真正让广告变得有效的，恰恰是听上去很没有创意的一个原理：重复效应。

为什么是重复效应？这看似简单的原因，背后的支撑点是什么？在一项有意思的街头调研中，研究者征选了一群号称"完全不看广告"甚至对广告十分厌恶的群体，通过深入调研后，结果却显示他们其实都看过广告。这些广告的品牌名称及具体内容或多或少地被记住，甚至还有人因为广告购买了产品。研究者还发现了一个"潜规则"，即广告出现频次越高，影响消费者的程度越深。

我们再往深一层去思考。从本质来看，正是"重复效应"在发挥效用。尤其是在很多强制观看的空间，人们的关注力相对聚焦，最大化投放能更有效地造成人们认知的重复效应，从而提升广告效果。

重复效应，有助于加深记忆，这个结论来源于一百多年前精神分析学派创始人弗洛伊德的研究成果。他总结说，当一个问题被重复超过十遍时，人们会把某个信息内化为自己的知识体系。

有关重复效应对品牌产生作用，最典型的例子就是脑白金了。即使再视而不见，相信你也能说出"今年过节不收礼"的下一句——"收礼只收脑白金"。可是这条广告语刚出来的时候，也曾饱受诟病——没有创意，表达俗气。但它一遍又一遍地播出，在每年春节、中秋节这些最高频的送礼时刻进行洗脑式宣传，并且坚持了几十年重复投放，使得脑白金的广告渐渐成为每个人耳熟能详、记忆深刻的"国民广告"，也为企业带来了上百亿的销售额。

重复有3条策略：

（1）广告内容的重复。一段时间，广告的内容始终围绕一个核心点或核心目标进行，不要一个广告里包含多个核心点，什么都想表达。很多人喜欢把所有东西都放在同一个广告里面,就怕别人看不到,殊不知想当然了,现在留给广告的时间越来越少,消费者也越来越健忘。只要把我们最想表达的表达清楚就可以了。

(2) 广告策略的重复。一个广告出来,需要经过一段时间的积累,才能看见效果,没有重复的投效是成不了记忆的,想占领消费者的心智就得占领消费者的时间。广告营销千万不要今天一个策略,明天一个策略,不断地变,费钱费力。比如"古井贡酒,年份原浆"就是在不断地做长期积累。做营销就要高效,在固定的时间用聚焦的方式"洗脑"消费者,直接达到沸点。遗憾的是,中国的大多数企业喜欢追求广告的创意表达,上一个新品就铺一轮新广告,每次投放广告也喜欢尝试各种新鲜的渠道和形式,频繁更换表达方式。这很有可能让广告离消费者越来越远,造成广告的效果减半,甚至造成更多的浪费。

(3) 广告核心关键词的重复。就像刚刚说的,广告要重点突出一个关键点,比如你的品牌名、你的产品核心特色、你的情怀、你的促销信息等。那么,这个最重要的核心信息你就要在广告里重复提及,比如"上58同城""瓜子二手车""饿了别叫妈"等,你会发现它们会反复提及重点关键词,你记不住都不可能。

广告投放的目的是占领消费者心智,想要占领消费者心智就得首先占领消费者的时间。因为人的记忆是有时间差的。长期记忆的形成需要长时间的积累,大脑之中负责记忆的海马体需要反复刺激才能形成痕迹,碎片化的单点信息很难在人们的大脑中留存。之前为了让消费者能记住企业的信息,很多广告都选择采取惊人的广告创意,去不断刺激消费者的认知神经,但其实不坚持重复,这些有创新性的广告可能只是昙花一现,无法在消费者脑海中留下深刻记忆,而那些看上去毫无创意的重复才是获得最佳广告效果的方式。

一条好广告需要具备哪些特点

让人记住品牌

今天我们要出一条广告,如果只能留下一个侧重点,那么我建议让消费者记住品牌的名称,而且品牌在广告中出现的时间越早越好,因为很多人可能看到广告出现的时候就跳过,而我们只有几秒或十几秒的展示时间。在我小的时候听过一个令人印象深刻的广告——南方黑芝麻糊。广告一出来,喊得第一嗓子就是"卖黑芝麻糊了",非常简单明了地讲出产品及场景,而且将企业的品牌名南方和黑芝麻糊进行融合。

但有的时候品牌名称并不能直接让消费者认识你,那么这个时候品牌名和品类名的结合将是一个非常好的策略,比如瓜子是一个很通俗的名字,但是加上二手车直卖网就会清楚很多了。再如美团外卖、高德地图等,都是将品牌名称和品类组合的典型。

让人记住商品

在广告画面中一定要突出产品的最终模样,即包装,让消费者记住你的产品的模样,他们才会去货架上找你!不能为了创意而创意,例如,食品企业的广告里如果都是田野的风景,却忘了产品的原型,那这条广告就是不合格的!一个正面例子是陈道明代言的伊利牛奶,最终一定会有产品的原型。脑白金的广告中,在两个卡通老人跳完舞蹈后,画面中一定会有产品包装图,甚至最后,广告改成让两个卡通老人直接在包装上跳舞。

给人购买的理由和冲动

初创企业要明确做到定位、卖点、痛点一致,如果能做到就非常厉害,但很多企业的卖点和定位是两张皮。定位是战略层面的,卖点是产品传播沟通层面的,属于战术,战术和战略一定要一致!平安保险就做到了品牌=卖点=代言人,平安说:"买保险就是买平安。"

好广告一定是祈使句,说动不如打动!做广告的目的就是销售!感冒药市场曾经一片红海,但白加黑瞄准年轻人,"白天不瞌睡,晚上睡得香!"别人卖疗效,它卖精神状态!"孝敬爸妈脑白金","饿了别叫妈叫饿了么"。核心卖点一定要大胆且重复地表达出来,直接一点,戳中痛点,要说人话,大白话!只有大白话才有行动力。

引流广告怎么做

以前的广告常常是"阳春白雪",拍广告追求意境,而现在很多广告都在往务实的方向去走。中小微企业可能就更直接了,因为没有许多品牌营销规划,它们打广告的核心目的可能就是引流,接下来我们以社区引流广告为例,来谈一谈引流广告怎么做。谈引流广告首先要知道什么是引流广告,引流的目的是什么,有没有一些核心要点。

首先,引流的核心目标。引流广告,简单来说,就是通过广告媒介载体,将品牌想要说的话传递给意向客户或潜在客户,以便引起注意和形成一次接触。引流的首要目标是引起兴趣和接触,并不是购买,购买是客户到店后的运营工作,这个要分清楚,不然很难区分引流广告信息设计和产品成交规划。

形成和消费者一次接触有3个层次。第一层,潜在客户看到信息,但由于其他原因,没有直接行动;第二层,潜在客户看到信息,和你形成互动(比如到门店或者扫码进网络店面);第三层,也是我们最想达到的目的,即潜在客户和你形成互动,并且还购买了你的产品。这三个层次,第一个层次最容易达到,第三个层次是品牌最喜欢的结果,但是我们引流广告重点应该放在第二个层次上,也就是让潜在客户看到信息,并争取能有一次互动的机会。

第8章 构建消费者认知

至于接触、互动之后,潜在客户能不能成为我们真正的客户,那要看我们的产品和服务是否能赢得他们的芳心。如何赢得潜在客户?我的整本书都在说如何让品牌、产品赢得人心,创造并留住客户。赢得的客户越多,企业的品牌就会越大。

这一小节重点说如何通过引流广告和潜在客户形成一次互动。

这样我们就要重点思考:潜在客户在什么场景触发下会和我们形成一次互动?做引流广告一定要设计触发点,不然大部分是白做,那如何设计触发点呢?

答案是为消费者着想。

什么叫为消费者着想?利益驱使最直接。很多人就问,如何让我的潜在客户看到我的品牌或形成一次互动呢?我说,很多时候消费者看到广告有没有行动,不仅和消费者当下需求相关,也和品牌的产品与内容有关,广告最重要的责任是将信息传递给潜在客户。

我们常说,为用户着想。企业可以先想想,自己能给消费者带来什么,再想想我需要消费者帮助我完成一件什么事。越简单越好,越纯粹越好,想明白核心,千万不要设计太多弯弯绕绕。

大部分时候,品牌引流广告常常是以品牌为出发点的单向思维,只顾告知客户我有什么,我怎么好之类。消费者每一天要接收的信息实在太多了。你有什么和你怎么好,与消费者有什么关系?所以我们的品牌首先要考虑,一条引流广告信息能给意向客户或潜在客户带来什么好处,然后把这一句话重点讲出来,例如,张三火锅开业,首单锅底免费,无最低消费。因为新店开业,所以首单锅底免费,同时告诉消费者无最低消费,不用担心有附加消费。企业在做引流广告的时候,可以根据企业自己的承受能力进行综合考虑,但一定要诚心诚意。

诚心诚意就是不把消费者当傻子,不让消费者多想,越简单越好。很多企业在做引流广告前常常设计各种满减、促销、打折活动,直至自己"自嗨"到满意为止,甚至个别企业还设计了一些"诚意"体验,但后面就是请君入瓮。未来的机会一定属于诚信经营、童叟无欺的品牌,现在网络太发达,信息太透明,竞争也很激烈,唯有诚心诚意、货真价实才是正道。比如,一家汽车美容店的社区广告只需要简单地告知:"新店开业,进店免费洗车1次",或"1元洗车1次"就好,不要再设计其他附加条件,因为我们的目标就是获得一次接触的机会。

积累品牌资产

真正去打造一个品牌,或建设一个品牌,到底是要打造什么?其实就是要打造品牌资产。

什么是企业的品牌资产?首次提出这个概念的人是世界级品牌管理大师戴维·阿克(David A. Aaker),他也因此被《品牌周刊》誉为"品牌资产的鼻祖"。他对品牌资产做了如下定义:品牌资产是指与品牌(名称和标志)相联系的,可为公司或消费者增加或削弱产品价值或服务价值的资产和负债。

在这条定义里面,一共包含了4个要点:

品牌资产与品牌挂钩

品牌资产不是凭空独立的资产,必须要和品牌符号紧密关联,而不是单纯的产品或服务。例如,你家楼下的馄饨摊,没有品牌名字和Logo,就算每月卖出上万份,也没有品牌资产。

品牌资产对消费者和企业双方都有作用

对企业而言,品牌资产作为一种无形资产,是被美国会计准则所认可的。可口可乐公司总裁曾经说过:"即使一把大火把可口可乐公司烧得分文不剩,公司仅凭'可口可乐'这4个字,就可以在几个月之内,重新建厂融资,获得新发展。"仔细想一想,站在这四个字背后的其实就是庞大的品牌资产。

可口可乐的品牌资产既体现了消费者对这个品牌的信任,也体现了品牌对企业的至关重要的作用。因为品牌资产作为企业一项重要的无形资产,和企业的有形资产同等重要,甚至更重要。可以说企业没有品牌资产等同于慢性自杀,因为一旦企业的有形资产受到任何危险,就很难东山再起。比如,诺基亚虽然一度退出市场,但是存留的品牌资产足以让它可以卷土重来。但是很多中国的制造企业,一旦现金流崩塌,它们要想凭借品牌资产重回市场难于登天。

品牌资产要注重积累

品牌资产是什么？品牌资产是一件一件的事，或者很具体的某一句话、某一个符号。企业的每一个动作，每一分钱的投资，都要形成资产。能形成资产的事情就去做，不能形成资产的就不要做。同时，在当今的互联网时代，企业也千万不要忽略品牌的数字资产，如域名、官方网站、搜索引擎的品牌专区、网络新闻、官方微博、微信公众号、百家号、贴吧、手机应用程序，甚至包括社群用户的专属标签等，都属于品牌数字资产的范畴。

品牌有正资产，也就会有负资产

用实用的话来总结，能给企业带来效益的品牌知识就叫品牌资产，否则就叫品牌负债。在网络时代，一件事做对了，你的品牌会迅速崛起；如果不小心做错了，可能会被喷得体无完肤，甚至都有可能导致品牌被抵制。

给初创品牌资产构建10条建议：

（1）公司简介整理好，前期只需要每周或者每月更新。微博、微信要开通，但微博加蓝V（至少要有1~2个人运营），如果没有运营就先不要开。运营团队的搭建要有策划岗和设计岗，也可以让1人兼顾这两个岗位。

（2）完善百度百科、搜狗百科、维基百科、互动百科上相关的公司介绍、创始人介绍（或者公司有自己的IP也可以），这点很重要，让消费者在哪里都能找到你。

(3)找一家有实力的设计机构或者工作室,做一套完善的VI(视觉识别系统),包括品牌标志、字体、主色调、辅助图形、吉祥物、海报、主视觉、社交类头像、互联网的版式落格,将常用的一些设计物料规范化,从传统制作印刷到线上互联网传播,建立起消费者对品牌的一致化印象,不要干扰消费者的视觉识别。

(4)想一条品牌的广告语,一开始如果想不好不要紧,但要能够反映内容属性,不要一味地追求"高大上",能让消费者听得懂,能理解,便于他们口头传播。你可以参考前面的广告语创意内容。

(5)制作一套标准话术,包括公司背景阐述、产品特点概括、现有用户证言信赖背书、新客户引流话术,相关常见问题解答方案等。简单来说,别人如何和你形成交易。

(6)故事和案例。如果是面向企业,要尽快做客户案例,然后将客户案例进行归类、整理,用已有的同类客户的案例去吸引同行业客户,这比我们简单得讲我们自己要好用。如果没有案例,可以用企业自己的资源创造案例,比如常用的免费模式;如果是面向终端客户,企业可以用每一个客户讲故事。早期都是依靠口碑效应做传播,多讲讲回头客、老客、有趣的新客的各种故事,用口碑、圈层来影响,但是这种方式就需要搭建运营团队,除非我们的产品或服务能够不胫而走。

(7)早期获客。客户不是一堆一堆来的,而是一个一个来的,每一个客户都要服务好,基于人与人的交流才能建立信任,不要迷信"引爆",即使要引爆也要量力而行,先把区域或细分领域做好,再扩散。早期一定要克制、垂直,不要扇形。

(8)维护老客户。从老客户中产生新价值的难度要远低于挖掘一个新客户,但是很多平台都会厚待新客,如发新手大礼包、初次消费券等,这导致获得新客的成本非常之高,但一个维护好的老客户,可以帮助你产生源源不断的口碑扩散。尤其在互联网时代,老客户都是种子用户、核心用户,由小及大的"涟漪"扩散非常重要。

(9)形成漏斗形传播结构,即你在任何平台分发的消息最终都指向一个终端,比如你在头条写答案,文末挂个二维码指向微信。

(10)持续地做广告投入,不要质疑广告本身,企业要根据自己的品牌选择适合自己的媒介,不要指望立竿见影,品牌建设是长期而缓慢的过程,短期引爆的前提是你有足够的钱烧。另外,集中资源要比分散资源好。

第9章 有序竞争

竞争要知己知彼,然后找到自己的空间。

如何应对竞争的"第三者"

除了企业和消费者之间的关系,营销还要考虑到"第三者",即竞争者。因为营销不仅是我卖你买,我情你愿。我们可以洞察到的消费者需求,我们的竞争对手也可以洞察到。同时我们能满足的消费者需求,竞争对手也可以满足。

竞争,这是包括我们人类在内所有生物在地球上必须面临的一件事。这就好比每天当太阳升起的时候,非洲大草原上的动物就开始了一天的奔跑。如果狮子跑不过最慢的羚羊,狮子就会被活活饿死。如果羚羊跑不过最快的狮子,羚羊就会被吃掉。我们今天能见到的所有物种,都是因为在某个层面上具备了竞争优势。比如我们人类,我们的力量比不上大猩猩,速度比不了虎豹,于是我们就进化出了超大的脑容量。对于一个求职者而言,他不仅要满足面试公司的需求,还得打败其他候选人。对于一个求爱的人而言,他不仅要赢得女神的心,还得战胜其他追求者。

那么,在这一系列的竞争中,我们如何来应对呢?能否创造竞争优势,是生存的第一前提。否则就会被无情地淘汰。

如何创造竞争优势,竞争优势和我们的营销有怎样的关系?我们要比其他竞争对手更有优势,而这个优势需要品牌自我创造。所以我们在面对消费者的时候,要加上一个要素:创造竞争优势。

迈克尔·波特在《竞争战略》一书中,总结了3种最基本的获得竞争优势的方法:

(1) 总成本领先;
(2) 差异化;
(3) 集中差异化(可理解为聚焦)。

集中差异化(聚焦)指的是在一个特定的细分市场内,针对一个特定人群,实现总成本领先,或者提供差异化价值。这3种基本战略,其实可以归纳为总成本领先和差异化,但成本领先本来就是一种差异化价值。迈克尔·波特的竞争战略其实只有一种,那就是差异化。杰克·特劳特也说了,战略就是与众不同。所以,创造竞争优势的核心其实就是差异化竞争。虽然杰克·特劳特讲定位,迈克尔·波特讲的是五力模型,但他们的交叉点是差异化竞争。

找到自身的差异化优势,是一个企业在激烈的市场竞争中生存下来的前提,是营销的第一要务。比如,诺基亚、柯达都曾打败竞争对手,统一了江湖,但随着智能手机和数码相机产品的出现,我们发现它们也很快被取代了,而智能手机和数码相机正是凭借差异化战胜了这些大佬。但是想要在差异化竞争中取胜,一方面,企业不能只盯着眼前的竞争对手,还得盯着潜在进入者和替代者,以及上下游的变化。营销需要时刻保持市场敏锐度,不断地建立或创造自己的差异化竞争优势。另一方面,企业不是打败对手就完事了,关键还在于持续提供独特的产品与服务,不停地找到自己公司存在的差异化价值是什么,知道自己未来最独特的样子,才能赢得市场,赢得消费者。接下来,我们就来探讨如何创造差异化优势。

如何创造差异化优势

先看一个例子。美国服装品牌 A&F(Abercrombie & Fitch)喜欢在店里播放震耳欲聋的舞曲,他们这么做的目的很简单,就是要赶跑那些年龄大、不喜欢潮流风格的消费者。要是有大爷大妈意外光临,A&F 还会让自己的员工在店内走来走去,让大爷大妈发现自己格格不入而主动离去。为什么 A&F 会有这样的策略呢?

因为,A&F 的竞争对手是 Gap,后者是一家老少皆宜的服装店,店员总是亲切地招呼每一位消费者。但没想到,A&F 公然拒绝 30 岁以上消费者的策略竟然奏效了,青少年完全抛弃了 Gap,

热情拥抱 A&F 这样的潮牌。为了应对青少年客户流失的危机，Gap 尝试与年轻人沟通，这又惹恼了大爷大妈这些原本会来店消费的客人，导致每个年龄层的人都认为"Gap 不是我的店"。最终 Gap 营业额连跌 29 个月。

在市场营销中，最忌讳的事情就是跟着感觉走，谁需要就卖给谁。这样做只意味着一件事：我不知道我的产品该卖给谁！企业要搞清楚谁是我们的敌人，谁是我们的消费者，以及我们是谁。这是营销的首要问题。对比 Gap，A&F 在年轻消费者群体竞争中，就要聪明得多。而 A&F 的这个策略，与一个最经典的市场营销理论有关，即 STP 理论。

STP 市场营销理论能够帮助企业成功找到自己的目标市场并达成销售。也就是在众多企业产品中，帮助产品创造差异化竞争优势。STP 理论来源于市场细分概念，美国现代营销之父菲利浦·科特勒对市场细分理论进行了发展和完善，最终形成了成熟的 STP 理论，包括市场细分（Segmentation）、目标市场选择（Targeting）和定位（Positioning）。

根据 STP 的流程，企业需要先将市场细分，从中挑出主打的消费者群体，然后想办法在目标对象心中建立区隔化定位，创造难以取代的价值。具体来讲，分为 3 个动作，概括为确认市场细分、目标市场选择和实施定位。

确认市场细分

市场细分是根据消费者的差异化需求，把某个产品或服务的市场细分为一系列的子市场,从中选择最适合自己的目标市场。

好的市场细分,能够帮助一家企业更快进入市场,赢得目标消费者的认可和偏好,用更小的市场投入换取更大的市场份额,可谓不可不做之事。比如,云南白药牙膏其实就是非常精准地定位牙龈出血的消费者群体,弱化需要清新口气和美白牙齿的大众群体。又如,江小白切入的就是年轻的饮酒群体,并把江小白酒做成他们的场景工具。同样,一把古色古香的油纸伞也可以借着互联网的传播方式,将产品和不同的消费者联系起来。

未来,"小而美"市场细分的成功机会会远远超过"大而全"的全品类市场。而且市场细分的颗粒度也会越来越小,从单一的冷冰冰的硬性指标,会逐渐过渡到关注人的情绪、情感和兴趣等软性指标。例如,在洗发水这个市场中,根据产品特点可以细分为去屑、防脱、护发几部分,而滋源洗发水则另辟蹊径,打出的是滋养头皮,以此在竞争如此激烈的日化品类中赢得自己的一席之地。再以餐厅举例,未来可能会出现越来越多的专门为喜欢宠物的人士提供的宠物餐厅,或者适合一人食的深夜食堂,这些都不是常规的西餐或中餐的品类细分,而是围绕一种特定的需求或场景展开的细分市场。

这种"需求细分"或"场景细分"一定会出现在未来的商业市场中。

在市场细分中,也存在 3 个经验误区,希望大家在执行中有效避免。

品类误区：什么都想卖

一个人要获得成功，就要做自己最擅长的事。同样道理，企业要在市场中成功，就得卖自己最具竞争优势的产品。要认准自己的地盘，选准自己的品类集中突破。在某个细分品类做到最好，而不能什么都想卖，就连饮料行业的巨擘娃哈哈，转身去做奶粉、童装也失败了。当然，现在很多人在谈论生态，比如小米以手机为切入口，进而进入电视、电脑、手环、家庭电器等市场，先不论小米其他产品会怎么样，至少手机行业目前还是竞争非常激烈的，而像OPPO、vivo就要聚焦得多。对于小微企业来说，一开始把自己做细、做小才是重中之重。

人群误区：想讨好所有人

360儿童卫士智能手表初期希望满足0~10岁小孩的需求，这个年龄跨度很大，一两岁小朋友的胳膊和10岁小朋友的胳膊粗细是不一样的，为了满足这些用户的需求，企业把产品做得很小。电池也很小，只有200毫安，每天都需要充电。用户特别不喜欢，发现这个误区以后，360调整了目标，把低年龄用户抛弃，反而产品大卖。

地理误区：全面开花

这个更适合线下企业。大部分企业资源是有限的，不大可能一下子做全国的布局。如果企业没有强大的资金实力作支撑，一开始就急着去做全国市场,很可能就会把自己有限的资源和力量给分散了,反而费力不讨好。很多房地产企业都是这样,在当地有一定的知名度后,为了谋求更大的市场份额,实现企业跳跃式发展,开始向全国市场发力,希望从区域型品牌变成全国性品牌,但因为缺少强大的资金支持,反而落败而归。

目标市场选择

目标市场是企业有能力占领和开拓,且能为企业带来最大经济效益的市场。

为什么要选择目标市场呢?因为不是所有的市场对企业都有吸引力,企业也没有足够的人力、物力、财力去满足整个市场的需求,只有扬长避短,找到有利于发挥企业优势的目标市场,才能获得更多的认可。比如,中国茶叶市场是千亿以上的市场规模,高度离散化,品类非常丰富。细分品牌就有 2000 多种,大多数厂商还停留在农产品的思维形态中,7 万家茶企的影响力和销售额比不过一个立顿。

小罐茶就是把复杂的市场品类做了极致的减法,运用 STP 法则找到了市场出路。原来传统茶叶厂商与消费者之间有太多的渠道和经销商,可以说目标用户在厂商的心中是面目模糊的,他们更像是冷冰冰的销售数字,而非活生生的人物画像。小罐茶经过一次次亲身体验和调研,清晰、可衡量、可触碰,一笔一画绘制出自己的用户画像,最终确定它的目标客户群体是适应现代都市精品生活的中高端人士,并针对这些人群做了场景细分,把喝茶场景简化为买、喝、送,迅速确定了目标市场。通过一系列的操作,小罐茶一年就实现销售额7个亿,震惊一大半茶叶厂商。

实施定位

根据消费者心理和对手研究,在目标消费者心中,留下独特的位置,从而取得竞争优势。对于消费者来说,市场竞争太激烈,难免陷入选择困难症,所以要用一种简单的办法来帮助消费者做选择。

其一,消费者买任何一件商品,该品类内只选择记住有限的几个品牌(不超过7个,大概率是前3个)。

其二,每个品牌最后的定位实施都想用一个词或者一句话进行定义。比如要买豪华汽车,宝马代表驾驶乐趣,奔驰代表豪华,奥迪代表科技,沃尔沃代表安全;比如要买洗发水,海飞丝是去屑、飘柔是柔顺、潘婷是营养、沙宣是造型修复……这就叫实施定位。具体可参考前文关于产品及品牌定位的章节。

所以,实施定位其实是对用户心智的一种管理,属于用户认知管理。

对于营销而言,使其能够生存的空间不是企业的营销资源,不是营销经理或者营销人员的能力,而是在实现用户价值的那一点上企业能够有所作为,那么这一点就是企业营销的生存空间。

同质竞争,营销如何切入市场

市场竞争越来越激烈,同质化产品又在不断增加,请问我们找准自己的市场了吗?产品从原来的稀缺,变得竞争越来越激烈。尤其是在经历了人口流量红利走向人口流量焦虑,互联网流量红利走向互联网流量焦虑,企业的增长焦虑已经越来越明显。市场在发生剧烈震荡的同时,消费者的消费行为也在发生大规模的迁徙。2020年的新冠肺炎再一次加速了人群向线上迁移以及围绕社区的消费习惯的养成,在足不出户靠一部手机就能办好事、买好东西的当下,要是市场找不准又何谈大发展呢?

那么我们如何来找市场切入口呢?找市场切入口首先要思考清楚,不是把你的产品往原本就拥挤的地方强塞,而是针对消费者需求、地域特性、产品优势等多要素做关联和对接(找到另一个生存空间),并以此激活消费者的新需求和新购买欲望,而后挖掘到适合自身发展的市场空间,进而提升市场占有率和获得用户。

2014年,我长期在河南出差,河南比较偏好面食,而我则比较喜欢吃米饭,然后天天在大街上找米饭,后来看到一家黄焖鸡米饭,于是天天去那吃,而且随着时间推移,发现人越来越多,半年没到,整条街多出了四五家黄焖鸡米饭。我原来的那个饭店生意也没那么好了。自然竞争也越来越严重。后来的黄焖鸡米饭进入者其实就是典型的不了解市场，然后贸然进入，强行往拥挤的赛道挤，结果可想而知。其实很多后进入者错以为大家喜欢吃黄焖鸡米饭，其实消费者大部分是想要解决不吃面条的问题。所以只要我们能洞察到这样一个市场需求，我们只需要提供一个吃米饭的新选择，就能切入市场，最后事实证明也是这样，一个做快餐的店杀入这条街，瞬间吸引了大部分爱吃米饭的客户，好几家黄焖鸡米饭从开业到关门可能也就半年的时间。

所以，市场切入首先不是在原本市场就很狭小、很拥挤的赛道上硬挤。而是要从消费者出发，确定消费者需要解决的问题，用相应的方式来切入市场。当然，切入市场的方式方法也有很多，在这一节为大家介绍几个比较通用的方式方法，供参考。

做增量，细品类

一款产品要找准市场切入口，除了要找到自身产品区隔于竞品的特性之外，找到增量市场才是关键的一步。你要是蒙着眼睛往存量市场里冲，最终的结果不是冲得两眼发昏，就是一下子冲到天花板，到头来啥也没搞成，还谈什么发展不发展的。

增量市场在哪找？增量市场是基于需求的不断扩大，而你的产品又正好能满足这一需求或条件的前提下，最终及时做到了匹配和挂钩，进而就提升了你的产品销量，从而获得了相应的市场份额。例如，针对学生益智补脑需求人群所开发、推出的饮品——六个核桃,就是基于在原有乳品(牛奶、酸奶)市场中所找到的增量市场,从而实现了后面的裂变爆发增长。

品类选择上有一个数字参考:

(1) 市场总容量要达到100亿以上,再小不低于50亿;

(2) 三年复合增长率超过30%;

(3) 行业第一品牌份额还不是很清晰,如果有也不超过15%;

(4) 净利润不低于10%。

寻找增量市场的3个核心:

(1) 你的产品需满足该人群的实际需求。比如说早餐,很多上班族越来越重视早餐营养的摄入,但是没有时间来准备。那么针对上班族(来不及吃早餐)所开发的"早餐燕麦片"就是一个很好的切入点,第一章中汽车一族的奶昔也用了同样的市场切入的方法。

(2) 同品类市场在不断增长。比如说每日坚果。去年洽洽小黄袋就非常高调地进入了这个市场,在场景广告上进行了大量的宣传。之所以洽洽会这么做,就是瞄准了每日坚果品类的不断增长。

(3) 有需求但无大品牌占据的品类市场。比如说挂面,以前大家都喜欢吃挂面,却没有几个把挂面做成品牌。湖南的企业家陈克明先生就发现了这样一个需求大市场,而且是当时还没有大品牌占据的品类市场。所以,他就进入挂面市场,最终成为中国挂面大王。而现在如果再想进挂面品类市场,可以说太难了,因为很多大企业都已经进入了。现在如果想再进，必须要再进行细分，比如儿童果蔬挂面，主打果蔬营养成分和孩子的市场，这样才有机会。

差异化市场

同类产品不断递增，同质化竞争加剧，竞争到一定程度都会打折、降价，这些已远远不能实现市场的占据和增量，更不可能获得良好的发展。差异市场在哪找？人人都说自己的产品这好、那好。一旦真正和同类品牌做正面竞争时，却一下子找不着北了。仅凭自己的感觉找，老是找不到真正的差异化。这也是为何如今的同质竞争，最终演变成价格战的根本原因。产品要是没有鲜明的独特性，找差异市场就会变得更为艰难了。

市场差异化如何做？市场差异化重点是从人群中来做切分，从与竞争产品/品牌相反的占有市场做分割切入。简单来说就是不在竞争者主战场进行对垒。因为你能有的概念，竞争对手一定也会有，而且一出现就会比你好。我们真正要做的差异化市场切入，是要在竞争对手的对立面进行。

我们经常会听到有人说，我到底是在一二线城市做市场，还是从三四线城市做切入？这些大部分都是一些中大型企业要考虑的问题，比如说 OPPO 和 vivo 手机做的就是"农村包围城市"的路线，从三四线再走向一二线。选择这样的市场切入，一是考虑到避免和华为、iPhone、小米、三星等正面竞争；二是考虑到三四线城市基数大,也更符合它们的产品定位。其实这都是一个差异化市场切割的选择。中小微企业市场还是要更多关注消费者。比如,你的产品是房屋中介,在竞争品牌早已占据的城南市场里(也就是这一块的人对这个品牌认识更多一些),对于后来者的你切入这一块市场则不利于去做,当用逆向分割法向其他区域市场(如锁定城北市场再向二手房租赁品类切入)则可能获得另一块生机市场。另外,切入市场有一个非常关键的要素,就是低成本。因为成本是用户考量的一个核心要素,要是你的产品接受成本过高,那么替代的概率就会小很多,甚至是不会接受你。比如,你现销售的产品是儿童玩具,那么,其可替补的功能就是"益教于乐"。即通过让自己的宝宝在拼图案、猜数字、玩积木的游戏中获得学习成长和思维开拓,同时亲子儿童玩具也能和父母增进不少感情。这样"益教于乐"的拼图案或猜数字,就是儿童玩具的低成本替代方案,因为它的替代成本相对于请一个专职人员来教学会划算很多。

以低成本替代同类产品来获得市场,重点在于满足消费者的需求,找到相对差异化市场及低成本替代产品。如用早餐奶替代早餐,素食餐替代机械(或物理)减肥等。

抓长尾,做爆款

产品满足的是需求,而有些需求目前看似小众,但只要企业的销售管道够深,生产成本够低,照样能收获大量的市场份额,如小米电动平衡车。

长尾理论源自美国《连线》杂志主编克里斯·安德森（Chris Anderson），2004年他在文章中第一次提到了"长尾"（Long Tail）这个概念。这个理论认为，商业和文化的未来不在热门产品，不在传统需求曲线的头部（即需求量大、收益大的部分），而在于需求曲线中那条无穷长的尾巴，也就是看似没有那么多需求和收益的部分。"长尾效应"的意义在于将所有不流行的市场累加起来，就会形成一个比流行市场还大的市场。

长尾平台最典型的例子就是淘宝。在淘宝上，知名品牌的商家并不会给淘宝贡献多少利润，反倒是小商家贡献了主要的交易额。我们这里提到的小商家就是指那些知名度不是很高、企业体量不是很大的"个体户"，他们对于消费者的需求简直无孔不入。你想要买任何东西，基本上在淘宝上都能找得到。这些小商家的成功，正是体现并验证了长尾理论。

随着进一步消费升级的提升，个性化的消费趋势出现，大众市场不再一统天下，小而美的产品受到越来越多的关注，可以说互联网的出现使得99%的商品都有机会进行销售，市场曲线中那条长长的尾部也可以成为新的利润增长点。

什么是"长尾爆款"？长尾理论和爆款，是"边际成本"这枚硬币的两面。互联网让边际成本急剧降低，导致长尾需求越来越容易被收集，而好的产品也越来越容易赢家通吃，形成"需求间越来越长尾，需求内越来越爆款"的现象。

找到一个长尾需求，做成爆款，我称之为"长尾爆款"，这是一个很好的选择。

怎么才能利用爆款，做到赢家通吃呢？借用刘润《5分钟商学院》这样一段话来描述。第一，要找到足够细小的长尾。比如台灯，孩子用的，还是老人用的？是放在书房的，还是放在床头的？是插电的，还是用电池的？不要希望能做成国民爆品。因为连以做爆款著称的小米公司在小米手机后，都出了红米系列、Note系列、Max系列、C系列、S系列以及青春系列等无数型号，覆盖足够的长尾需求。第二，满足最长尾的需求里最大众的痛点。你要真正去解决一个问题，而且是解决得最好的。比如行李箱，我就是要做所有能带上飞机的箱子中，收纳最科学的，一寸空间不浪费，谁都没我能装。第三，利用互联网降低边际成本。借助电商平台、社交媒体、口碑宣传等一切手段，收集这部分你本来接触不到的长尾用户，把小需求变成大市场。

打造品类产品

品类产品就像一把尖刀，很多时候是我们开拓市场的利器。上一节我们讲了市场切入，以及如何用产品来进行切割，但有了产品只能算是刚走到市场的门边，要打开市场大门则需要找到那把钥匙才行，而这把钥匙就是本节内容中重点要拆解的品类打造技巧。

"品类"这个词语应用在商业上，最早可以追溯到20世纪90年代，宝洁将原来的品牌经理改成品类经理，即从一人负责一个品牌，变为一人负责一个产品类别。彼时，品类成为一个管理概念，用于管理产品。包括后来家乐福定义品类是商品的分类，一个小分类就代表了一种消费者的需求。Play Bigger公司的3位创始人推出了《成为独角兽》一书，书中引用数据掀开了谷歌、脸书、苹果、宜家等世界级公司背后的共性——成为品类王，而品类王通常获得所属品类76%的市值。"独角兽"一词，也因此成为商业界常常被挂在嘴边的新概念。

世界品牌专家戴维·阿克的著作《开创新品类》中从品牌相关性的角度，揭示了品牌增长的唯一途径（几乎无甚例外），就是要打造出消费者脑海中新的"必需品"，以此定义新的细分品类，并构建具有竞争壁垒的标杆品牌。例如，快消品行业以伊利鲜奶片、蒙牛早餐奶、老坛酸菜面、王老吉凉茶等为代表的创新品类成功突围，最终名利双收。

艾·里斯从《物种起源》中获得灵感，出版了《品牌的起源》，重新定义了品牌以及品牌创建的哲学和方法。该书指出：商业发展的动力是分化，分化诞生新品类，真正的品牌是某一个品类的代表。品类一旦消失，品牌也将消失。此时，品类不再是一个管理概念，而是成为心智概念。

那么什么是品类产品呢？如果我想做水的品类，那么我有哪些产品可以来切入呢？

水的基本功能就是解渴，但有些人喝的是普通矿泉水，而有些人喝的是高端矿泉水;当水糅合一些添加物之后,从功能上可以分化出预防上火的、补充能量的、补充维生素的等;在不同情境下,有早餐奶、助餐饮料、饭后饮料;健康趋势兴起时,则分化出无糖的、低脂的、天然的等。

品类之下有非常多个产品,而要做市场营销,必先找准你的品类,即找到品类的发展机会。如果只是做市场上已经非常成熟的品类,抑或跟在别人后面做的话,请问,还有你的机会吗?所以品类是一个非常重要的瞄准点,选好了,你做起来就会相对容易些,选不好,可能就会陷入泥潭里无法自拔了。很多人会说,市场什么品类都有人做了,我还到哪去找品类呀?

的确,市场上的品类看似都饱和了,好似真没有什么机会了,但只要消费者市场在,消费者人群在,机会就在。现在消费升级、个性化需求越来越多,这给了我们最好的品类开创机会。例如,在饮品品类中冲出的"六个核桃",它不正是通过开创"益智补脑"的新品类,最终抢占了大半个乳品市场的吗?

同时,品类开创不能仅凭自己的感觉,抑或自认为的那样随便弄一个新品类,要是那样的话是不会受到市场和消费者待见的。因为无中生有的品类,消费者和市场都不会认的。品类的开创首先要在消费者之中有这样的品类需求,也就是这个品类本身就存在于市场当中,并被消费者所接受和认知的才行,否则就会成为一个无效品类。之前的章节也有说过,这里就不再展开。

接下来讲一讲品类打造的方法。

分割品类，从原品类做分切

这种方法比较保险，但也充满挑战。保险是因为这个品类已经有人在市场上验证过，我们的切入是跟随，这也是我们通常分割原有品类的方法，通俗来讲，就是要做增量市场。同时也会充满挑战，第一我们是跟随者，只有极少数的企业能够弯道超车；第二我们能看到的机会别人也能看到，这个时候比拼的是经营能力，而不是发现市场机会的能力。

那么，我们如何巧妙地找到合适的机会，做原品类的市场切割呢？首先要考虑这个市场的增量空间够不够。也就是原品类增长迅猛，是否有新的分割空间和机会，可容纳其他衍生的品类。因为只有当某个品类迅猛发展的时候，市场的活力和消费者的购买热情才会逐渐增加，并不断形成后续强劲的购买推力，当然后面的竞争也会越来越大。比如之前比较火的每日坚果，就是在原有品类增长快速的基础上，出现了很多种每日坚果产品。这些产品也都是借着每日坚果的东风通过各自的渠道触达消费者。

但是，在市场出现高度同质化竞争的情形下，如果你还一味地往原本就拥挤的品类中冲，其结果不是弄得两败俱伤，就是搞得自己焦头烂额。企业要根据市场、竞争的变化及企业自身的资源做统筹考虑。因为原来的品类要么增长乏力，要么竞争重重，实则已没什么太多容你发展的空间了。当原品类增长滑坡，即原品类发展乏力时，再想通过分割品类来获得新的机会，这样的难度不仅很大,而且很容易赔了夫人又折兵。所以做原品类市场切割,首先要判断这个市场是增长的还是下降的,其次还要看市场的竞争状况,最后再来评估自己的机会。

开创新品类

开创新品类是获得市场和用户非常重要的方式。首先要学会找到关键品类,市场上95%的失败产品,如某集团旗下的格瓦斯、富氧纯净水、啤尔茶爽,并非由于产品本身有什么太大的问题,而是它们都不是消费者常用或常需的品类。这里再次强调一下,开创新品类一定要在消费者原有的认知中获取,而不能无中生有,同时还要考虑到新品类是否成为消费者的刚需——这也是判断是否是增量市场的重要因素。

导致开创一个新品类失败的因素有很多,但有两个因素要特别注意:一是品类定位模糊;二是品类重叠。

品类定位模糊

产品不知道该如何定位,不知道如何切入市场,也没有具体的人群目标,仅仅有产品的概念,其实这是很危险的。一旦定位模糊,就会导致在市场和消费者心目中的品类认知不足,且未能与原有品类价值建立有效的连接或分割、嫁接,以致后面消费者根本不买你的账。我在写这本书的时候,有一个饮料投入了很多钱在营销和品牌推广上,名字叫元气森林气泡水,它的品类定位是比较清晰的，0糖、0脂的概念就是针对想喝汽水但又害怕胖、怕糖分超标的群体。

品类重叠

还是以刚刚这个气泡水为例，主打0糖、0脂的概念就是针对想喝汽水但又害怕胖、怕糖分超标的群体。如果这款产品成功，我想会有很多饮料厂商跟进，尤其是那些大的企业，它们会利用自己的渠道及品牌背书收获一部分市场。而如果我们既不是大品牌、也不是开创一个新品类，只是和现有的气泡水走一样的路线，与市场上现有的竞争品牌在功能、特性上有极大的相似性，其替代价值不足以让原来已形成品牌认知和消费习惯的消费者，去重新选择一个非原创的"第二代"产品或品类，自然比较容易失败。当然，在这种情况下我们可以回看上一节讲的找差异，在抢压市场中找到自己的生存发展之道。

开创新品类有2个比较可靠的策略。

品类延展划分策略

针对现有竞争市场及你的产品特性，以及品类扩张需求，重新开创出一个新品类，以避开在现有品类中的激烈的竞争。如果你经营的是燕窝（品类），那么可通过现有市场和消费者的需求及时分化出一个新品类，例如主打孕妇的燕窝红枣养生茶。因为此品类的分化，既与原有品类（价值）做了很好的衔接，同时又匹配了消费者的实际需求，且该品类在消费者的认知中是早已存在和熟悉的,品类的划分只有与原品类挂上钩才能形成真正的新品类。

品类关联策略

与现有品类做强关联,开创出一个新的品类,从而避免陷入同质化的竞争中。例如,你做的是家纺(床上用品)品类,那么在品类开创上,可与既有品类做强关联,从而分离或开创出一个新品类——子母羊绒被,主打小孩和妈妈同一个被窝的场景。

品类的开创既要做分化,也要做市场和需求的场景连接,这样才能起到品类开创的目的和作用,否则就成了一个多余而无法成立的品类了。

总的来说,开创新品类还是要回归到消费者,要源于你的产品在特性和给到消费者的价值上,要简单、清晰。并且品类是消费者本身就需要的,也是市场上恰好有这么一个位置符合你的产品,最终三者做到及时的匹配和对接,从而促使你开创的品类迅猛发展。

做市场,不是单纯地做产品,也并非依靠四处推广来实现市场切入和抢占。而是通过品类的开创来获得新的生机,要不然,在如今那么激烈的市场竞争中,资源、资金和专业能力(团队)都跟不上的中小企业,又如何来和竞争品牌抢市场呢?

开创出了品类只是走了关键的一步而已,后面的市场切入才是关键中的关键。因为,做市场不能光靠自己想,而要通过市场的检验来获得实际性的进展,并为企业发展带来推动作用。而品类切入就是在市场中寻找到有利于新品类的生存土壤，从而让新口类生根发芽。那么，如何来把你的品类产品切入市场呢？

市场抢位。及时寻找到市场空隙，让你的品类产品顺势切入，以获得品类发展机会。如前面开创出的"燕窝红枣养生茶"品类，就可通过对如今准备怀孕、备孕及孕后的人群（市场）做重点切入，从而让你的品类或品牌得到生存土壤。因为只有品类与现实市场需求画上等号，才能使得你的新品类获得发展生机和空间。

错位竞争。与现有竞争品类做一下错位，以避开正面竞争，从而有利于在市场间隙中得到新的增长机会。应用法：新品类（如子母羊绒被），对比原品类（家用棉被）。竞争错位是基于原品类竞争在加大，对自身发展不利的情况下所采取的一种"破山开路"的市场营销策略。当你的产品在切入市场时，发现原有品类的竞争已呈现高度同质化，甚至是红海市场时，此时，错位竞争法将会助你获得新的市场发展（生存）机会。

最后，我们来说一下品类开创的核心作用：① 抢占第一位置或区域性第一。新品类源于错位竞争和新品类机会，有利于先于竞争品牌抢占位置，甚至可以创造出竞争优势。② 获得新生机。避开原有竞争品类围困，寻找到新的市场空隙，从而让自身处于有利的窗口。尤其是对于中小型企业，这一点将更加珍贵。③ 找到新市场。避免和竞争者打消耗战、价格战，以发挥关键优势资源在新品类中获得新市场。

品类的饱和攻击与局部胜利

为什么我们要说品类的饱和攻击？因为商场如战场，我们可能花了很大的力气好不容易才找到一个品类机会，这个时候无论是大企业还是小企业，都应该要抓住自己的窗口期，快速地推出自己的品类，以便占领消费者的心智。大品牌可能是全国性占领，而小品牌也要有"局部胜利"的规划。

有什么方式可以协助品牌快速脱颖而出呢？大密度、连续的针对性广告。即通过大密度连续投放广告改变并强化消费者认知，让品牌深入人心，这种做法有个专门的概念，那就是饱和攻击。

首先让我们来看一下饱和攻击的定义。"饱和攻击"原本是个军事术语，是二战时期苏联针对美国制定的一种战术，采用大密度、连续攻击的突防方式，在短时间内，从空中、地面、水下不同的方向，不同层次向同一个目标发射超出其抗打击能力范围的攻击，使敌人在短时间内处于无法应付的饱和状态，以达到突破敌人防护和摧毁目标的目的。后来这个词被引入市场领域中，用来形容营销中的"核战"：在开创品类特性和打开时间窗口的两个前提下，为了赢得胜利，采用大密度、连续轰炸市场的策略，依靠饱和攻击，让消费者牢牢地记住你，一举拿下市场。

谈完饱和攻击的概念，接下来讲一讲为什么要实施饱和攻击。例如喜之郎果冻，它之前就没有做果冻吗？不是啊，但只有它经过大规模的投入，让"果冻＝喜之郎"这个烙印深入人心，才大获成功。

这也是为什么企业有能力的话，最好要进行饱和攻击的道理。我们之前说过，人的脑容量有限，为不过度使用造成能源损耗，我们一般都是采用经验来做判断，也就是先入为主。我们的观念会受到很多因素的影响，比如书上写的、网上说的、别人告诉的，采取饱和攻击能迅速在消费者心智中形成"你＝某个品类"的认知，虽然代价昂贵，但效果还是不错的。

有人说，能实施饱和攻击的大部分都是大公司，中小企业没那么多钱做这件事，接下来我们就说一下，中小企业品牌要如何进行饱和攻击，占领消费者心智。

在饱和攻击的概念中，我们提到两个关键的前提，一个是开创品类、特性；一个是打开时间窗口。因此要想进行饱和攻击，我们可以从这两方面着手。首先我们需要开创新品类或者开创新特征，并且用简洁的话描述自己，让消费者迅速地记住你。比如，市场上的饮料已经非常多了，但是王老吉就能迅速让消费者认识并且记住它。主要原因是它开创了饮料的一个新特征："怕上火"，因此"怕上火，喝王老吉"很快家喻户晓。中小企业要怎么做呢？如果没有强投入的渠道推广，一定要在产品定位上下工夫。如果我们能开辟一个新特征，比如认知、情感利益或价值诉求，都能强化大家的认识。其次你需要攻占打开时间的窗口，利用高频次传播，提高传播效率。如果不能在短时间内迅速让消费者认识你,而当竞争对手也发现这个商机的时候,你很有可能被挤出市场。另外,中小微企业可以采用低成本的渠道来换取高频次的传播,比如,中小企业请不起明星,可以和"网红"合作来进行产品推广;做不起大量广告投放,可以借势营销,融入社会话题和热门事件;也可以和小米初创时那样做社群营销,通过用户来为你进行口碑传播。

总之,饱和攻击不是砸广告费,而是用"创新品类"的方式进行饱和攻击,当你开创了一个新品类或者新特征,就要抓住时间,在最短的时间内,利用一切渠道和资源进行高频次传播,让更多的消费者认识你。

竞争的三个阶段

市场营销的竞争大致可以分为三个层面:第一个层面,产品竞争;第二个层面,渠道竞争;第三个层面,品牌竞争。这三个竞争层面的难度是逐步递增的,首先是产品竞争,其次是渠道竞争,最后才是品牌竞争。

初创企业要永远记住,因为我们的资源非常有限,我们的第一步就是要通过产品去获得用户。当然你的产品可以是比竞争对手更好的产品,也可以是更好的服务,或者是产品和服务的结合,比如海底捞就是靠服务首先占得火锅市场的一席之地的。第一个阶段事关生存。

第二个阶段我们验证了我们的产品，以及通过产品服务获得了用户。当这个闭环形成之后，再去考虑渠道的竞争，这个阶段主要是发展的问题，通过可盈利的产品去开拓更广阔的市场。

最后才是品牌的竞争，你已经做到了一定的程度，并且有了资源的积累，我们才有机会谈及品牌的竞争。当然这和之前说的小微企业也需要打造自己的品牌是两个逻辑，一个是打造品牌，一个是品牌竞争。

为什么会讲竞争的三个阶段，因为很多的初创品牌一上来就想搞品牌竞争，这是一个非常"浪漫且无知的想法"，并且是一个非常大的危险信号！有人说很多互联网品牌不就是烧钱吗？我只想说，你只是看到了表象，并没有看到内在。不管这个企业融了多少钱，如果没有把基础的产品、渠道做扎实，直接用烧钱搞品牌是很难的，即便如此也是补血充饥，当钱烧完了，血停了，品牌也就消失了。

我想和大家分享一个词，叫"自然存活"。这是一个我从多年深耕食品行业，并健康发展成上市企业的管理者那里听到的。怎么理解自然存活？首先切入点就是产品的本身，也就是产品能否获得消费者购买及复购。如果靠活动、促销才能让这个产品存活，本身就是有问题的，产品需要有自己自然存活的本领。当你可以自然存活了，我们才能够将它通过不同的渠道进行扩展，最后才会通过品牌及推广来助推这个产品被更多的人知道及选择。所以，竞争首先要回到基本面，尤其是初创企业，更应如此。

第10章 知行一致

品牌营销的动作不是相互割裂的,而是一致性的思考与行动。

金字塔式的行动

推广和营销不是一个概念,二者不在一个维度之中,但是品牌经常在干推广的事情,却认为自己在干营销的事。很多人想到营销,可能就会自然地想到是先把产品做好,然后再进行渠道、市场等多方推广,逐步形成消费者购买。

真的是这样吗?

这要是换到十几年前或许还有些用,因为那个时候产品为王,能生产出产品就能卖掉。但是现在市场上同类的产品太多,互联网让产品的信息更加透明,竞争环境更加激烈,如果还是这样撒网的话,企业恐怕很难获得自己想要的结果,甚至事与愿违。单纯的推广只是一种短期的企业宣传行为,而非真正的营销。

品牌营销可不是简单的找人、找平台、找媒体做个推广,而是需要对目标群体、市场动态、竞争对手及自身优劣势等多要素做深入的分析和挖掘。否则,就只能成为一种为了宣传而做的推广,到最后是连吃喝都赚不到的赔钱生意,企业很快也会陷入价格战。同时,推广是一种获取流量的行为,而这些流量只是把握在大的平台手上,你多给点钱或许就多给你一些流量,但这种做法转化率极低,况且如今的流量那么贵,一般的中小企业可是吃不消的。其实,越是小的企业越是需要营销理念支撑,因为大公司还有钱来强推,甚至有试错成本,而小企业要做得更聪明一些才行。

那么推广和营销逻辑上有什么区别呢?我们给了两者不同的逻辑方式(见图10.1):

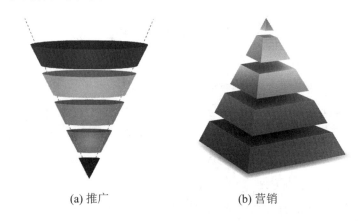

(a) 推广　　　　　　　(b) 营销

图10.1　推广与营销的思维

推广,是一种漏斗式的逻辑,这一种逻辑更多的时候源于企业行为(即内部思维),过度分散资源,缺乏长期战略,难以在消费者心智(大脑)中形成品牌认知,品牌溢价基本不会产生。例如,企业投产的一款产品正准备进入市场,企业会怎么做?通常我们可能是这样来执行:先招集网络推广部、市场部、策划部等开一个"新品大会",以号召大家做好接下来的新品推广准备,以及通路分销的准备。然后让市场部整理新品的优势、特点,再让策划部整一堆听起来非常"高大上"但又没什么实际作用且非常长的产品描述。

表面看这些都是在做"新品营销"的准备,实际上只是推广行为。因为没有顶层品牌定位的指引,浪费企业的资源、资金不说,还可能错失了让产品最好切入市场的时机。

而营销,我们要回到本章开头的部分,是一个从上而下的逻辑,包含我们的产品、价格、渠道、推广,是一种包含关系。确切地说,推广只是一种传播、告知的宣传手段,而非真正的营销行为。推广应该为企业的战略和品牌营销服务,而不是本末倒置,最终搞得主次不分。如何减少推广,而从营销入手,我们首先需要避免企业的内部思维,而采用外部思维。推广与营销本身是相辅相成的,但有时不明白营销内核逻辑,通常会被误导,例如不太懂市场营销的企业或商家们,以为推广就是做品牌营销,实际上这二者有天大的区别。

由内向外的思考

什么是企业内部思维?内部思维是企业首先看自己有什么,然后就往外推什么。比如,在老板眼中,企业有很多优势:历史悠久、技术专利多、原料优势、质量管控更好等,其实这些都是属于企业自己的内部认知，但这些消费者并不知道，即使他们知道了也不会关心你的这些事。消费者更关心自己，比如，你的品牌能解决他的什么问题，跟他有什么关系，他们为什么要买你的产品或服务等。之前我们也说到过企业和消费者的两种不同思维。很多时候我们的企业花了很大力气打造品牌，却得不到自己想要的结果，很大程度上是由于企业只研究了自己，但没有研究消费者，二者的研究方向相去甚远，结果自然也就不会如己所意。

内部思维企业往往缺少适度的目标，过度地看自己，而不看外部环境，例如想当然地觉得自己的产品很好，会有客户支持等。企业若要打破内部思维，就要有一个较为清晰的市场目标，如果没有目标，就是你不知道你的企业需要干什么、能干什么。可能大部分企业就会看别人做什么，自己就做什么。但是只要我们的认知不一样，同一件事，很大概率每个人的理解就会不一样，因此结果也会千差万别。

目标来源于市场反馈，根据市场制定合理的目标也非常重要。这个时候，我们最需要做的事其实是要进行客观、公正的外部环境评估。大部分时间，大家仅凭感觉做事，而且是非常自信的，因为每个企业都会相信自己的产品成功的可能性。当然，我们不能说这是一件不好的事，因为如果连自信都没有，那成功的可能性会更低。但是，在现在市场上品类已经非常丰富，竞争日趋激烈，我们要想得更加全面一些。例如，市场调研、用户研究、产品测试等工作会让我们工作做得更加扎实。

最后，企业在没有清晰的战略、定位甚至策略的支撑，更不知道自己如何去获取消费者和运营的条件下,单纯地从自己的企业出发,把自己认为好的东西一股脑的放出去,例如产品、企业、文化、概念、宣传,然后通过广撒网,如依托各大网络、搜索引擎、SEO、地推等,以此来想产生预期效果,即便你资金充裕,可能会产生短期的效果,但是这对于小微企业,也是非常危险的做法。

基于此,我们更需要外部思维。

外部思维有什么不同呢?大家看到没有,内部思维大部分是企业想自己有什么,然后还觉得很有优势。但是,它们却很少关注消费者需要什么?而这一点非常关键。消费者看品牌的角度往往和老板看品牌的角度有挺大的差别。消费者看品牌的角度,是外部思维的出发点。

外部思维,首先要源于消费者思维,我在前面的两个章节都在讲这个问题,就不赘述了;其次,外部思维要充分考虑竞争,因为你能做的别人也会做,所以我们要进行竞争思考,例如,从产品上思考,我的产品和其他竞争者有什么不同,如果消费者选择我,我需要做哪些工作等。从品牌上思考,针对竞争品牌展开大脑争夺之战,能否具备长期战略指引作用,产生的效益和品牌溢价是否有持久性。

具体来说,要以品牌定位做指导,为企业运行提供明确方向,通过区隔竞争对手提炼出差异价值,然后围绕"差异定位"这个轴心做相关的资源配置和市场营销行动,最终实现长期的市场抢占和用户的获取。

从设想到落地一脉相承

那么,我们具体要怎么来做呢?这里给到大家一个基础结构参考。

这是一个自上而下的品牌营销金字塔结构(图10.2)。关于企业的使命,以及关于企业战略更多的是基于竞争的角度,我在前面章节已经说过,这一节我们不再展开。本节我们重点来聊一下关于品牌的三个层面,即品牌定位、价值提炼和落地执行,以及它们三者是如何互为作用的。

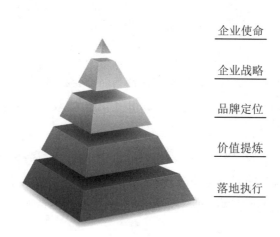

图 10.2 品牌营销的金字塔结构

品牌定位

品牌定位不是针对你的产品，而是关乎消费者大脑（大家通常称为心智）的链接，通过品牌定位（即差异化）给消费者大脑发出信息，以便让消费者做选择和决策更加简单、容易。

在营销里面有一句话，叫作"与其更好，不如不同"。这句话说起来容易，但做起来是非常有挑战的。如果把所有的品牌集中起来看，估计 90% 以上的品牌都难以在市场中形成独特性和差异化，最终，它们在消费者心目中沦为不专业、不专注的印象，自然也无法和消费者形成共鸣。

当你的品牌定位模糊不清（或者说表述不清楚），一会讲这个，一会说那个，消费者就会不清楚你的品牌到底是做什么的。这个是消费者的大脑决定的，因为他们选择某一个商品的时候，他们往往会选择对自己有益处的品牌或产品。而什么样的品牌会有这样的功效呢？比如行业第一的品牌，专注做一件事的品牌，解决问题的品牌等，这些会给消费者信赖感和优先选择选项，当然这些还会关联到价格、渠道、推广等。

关于品牌定位的一些方法，大家可以参考之前章节中的内容。这就首先需要企业有这样的思维，有时还需要企业有"外脑"，外脑既可以是企业的顾问，也可以是咨询公司等，这些人或者机构有时能够协助企业做好这类工作。

价值提炼

品牌定位是区隔竞争品牌的一个"锚"。而产品或服务在链接消费者时，必须有一个简单、清晰的价值才行，否则，消费者就没有购买理由。如王老吉有一句广告语"怕上火，喝王老吉"，这句广告语大家都听过，但是它背后的逻辑是什么呢？就是品牌对消费者的价值提炼。如果你只是讲产品是由多少道工艺、流程造出来的，它的材料有多么讲究等这些外在属性，消费者是不会太感兴趣的，更不会因此而提升多少转化率。因为消费者想要的是价值，而不是那些他们可能并不关心的产品介绍。

如何来提炼产品的价值呢？还是要从消费者的利益点出发。以王老吉为例，如果我们仅仅说食材、工艺、配方，可能消费者并不太感兴趣。这时我们需要从消费者的利益点出发，提炼价值。消费者有什么利益诉求？消费者的利益点往往藏在他们需要解决的一个问题之后，也就是企业找到消费者需要解决的问题，然后给出解决方案，来满足消费者的利益需求。王老吉发现，很多人喜欢吃火锅，但是又怕吃火锅上火，所以提炼出价值点："怕上火，喝王老吉。"简单明了地讲清楚消费者利益点——怕上火，你可以选择王老吉。再如"送长辈，黄金酒"，解决大家送长辈不知道送什么酒好的诉求；"充电5分钟，通话2小时"，解决大家手机充电太慢，等待时间过长的不好体验；"小罐茶，大师做"，解决大家商务送礼的需求等。

价值提炼一定要做到尽量让消费者能"秒懂"。提炼品牌的价值,企业要学会用一句简单的话讲清楚,而且这句话越接近口语越好,千万不要陷入语言误区,例如追求"高大上",没有什么事情比让消费者"秒懂"更重要。

落地执行

定位再准,提炼再精,还需要靠落地来完成。我们经常听到:"方案好不好,关键要落地。一流的方案,三流的执行,不如三流的方案,一流的执行。"不能落地的方案,等于没用。不能解决实际问题的方案就如"画饼充饥"一样。所以,企业的出发点各不一样,能满足企业现阶段需求、可执行落地的方案才是好方案。

特别是处在如今激烈的市场竞争中,一个有效的可执行落地的方案一定是可以满足企业现阶段的市场情况和发展规划的。中小企业本身资源就有限——缺钱又缺人,更缺解决方案,一个及时的解决方案对中小企业的创业者来说,那相当于抓到了最后一根救命"稻草",往小了说有可能起到"起死回生"的效果,往大了说甚至可以改变一个中小企业或初创者的"命运",至少可以协助企业少走弯路,不花冤枉钱。这就需要企业能对自己做较为客观的评价,既不能一味地追求"高大上",脱离企业本身的可承受范围,同时也不能在执行上"短斤少两",这个度非常重要。而方案能不能实施,其中有一个非常重要的考量因素,那就是"资源"。要是企业的资源——包括财力、人力、物力不能支持方案中所需要的来分配执行的话,那它最终也只能成为一张白纸。

总结梳理一下,从企业定位到价值提炼或输出,最后到落地执行都必须一脉相承、相互协同——包含品牌定位、品类定位、市场竞争策略、资源配置等。如同我们要建一栋大楼,就需要先有一张规划图,以便打好地基、设计户型等。千万不能陷入推广的逻辑,头痛医头、脚痛医脚,为了活动而活动,为了推广而推广,我们的每一次出击都要尽可能地在整体框架策略之下进行。

所有的事情都需要一气呵成,不能割裂。但是实际中,你往往会看到很多公司的市场、品牌、研发隔离,其实这是非常危险的做法。企业在做品牌营销的时候,一把手一定要亲自参与,协同作战,因为每个人的认知维度不同,执行落地的差别会非常巨大。

如果不能确认全力以赴,或者担心方案还有不足的点,需要用一个方法来平衡,那我的策略是一次干好一件事,聚焦资源,首先要能赢得局部胜利。以此来沉淀组织智慧和经验方法(包括失败的经验),进而迭代自己的打法。

我们用六个核桃为例来解释一下。

品牌定位

品牌定位是有益大脑发育的类功能营养饮料。

在快消饮料市场中,如果想要分一杯羹是一件非常困难的事,而六个核桃的定位就比较巧妙地将自己的品类价值进行了细分市场切分。当大家都把喝饮料集中在有益身体健康的时候,六个核桃另辟蹊径,把"有益大脑"的概念推向市场。这个概念无疑将受到很多学生家长群体的欢迎,因为消费者心里有补脑的品类缺口,尤其是学生家长群体。将品类归在一个益脑的细分市场内,针对高考人群、学生、孩子,为消费者提供差异化价值。

提炼价值

名称提炼:六个核桃。暗示真正含有六颗核桃的核桃乳,真材实料。其实即使它说7个核桃也照样可以,其主要目的在于用数字来加深和消费者之间的链接。

广告语提炼:"经常用脑,多喝六个核桃"。将用脑的场景和六个核桃结合起来,用多喝六个核桃的方案来解决经常用脑人群的需求。

制定策略

制定策略,主要目的就是要让价值提炼落地。如果没有精准的定位与价值提炼,那么这些策略也就不会聚焦,更不要说去落地。

六个核桃的核心价值提炼是"经常用脑,多喝六个核桃",那么它就需要围绕经常用脑的主要群体做策略,并且还要和这一群体形成共鸣。

这一群体大部分是学生,学生是年轻的、潮流的,而且他们喜欢潮流。所以,六个核桃制定年轻化、高端化品牌形象策略。

落地执行

落地是对策略的具体执行。例如,如何落地年轻化、高端化的品牌形象。

从营销手段来看，六个核桃开展了一系列的营销手段，包括请明星代言、升级包装、异业整合、升级服务、营销变革等。其中，通过邀请国际钢琴大师郎朗、偶像王源作为品牌代言人，凝练出全新的品牌内涵及宣传语，同时开展"高考季""春节"等系列整合传播战役，为品牌升级持续赋能。2020年鼠年，六个核桃推出了一系列流行文案，包括"一罐有钱花""一罐吃不胖""一罐发量惊人""一罐锦鲤附体"等，塑造了年轻、潮流的品牌认知。

从产品来看，六个核桃也将逐步完成老品的优化升级和新品的储备。2020年，六个核桃陆续推出如潮牌"六个核桃+"系列，抗焦虑、助眠的"卡慕宁"系列，绿色健康的"植物奶"和"植物酸奶"系列，智慧分享"1升利乐装"系列等多款创新型产品，逐步打造全能式超级产品矩阵。其中，针对年轻消费者追求极致口感、高颜值、新奇的消费新需求，六个核桃推出"潮牌益脑植物蛋白营养饮料"的全新定位产品"六个核桃+"系列，这些产品开发，都在紧跟年轻人的潮流诉求。

从渠道销售来看，打通线上线下销售通道。六个核桃成功在线上电商、社区团购等新兴渠道实现拓展。持续做大了线上电商、KOL红人直播、社群团购等新兴渠道，打通线上线下营销壁垒，实现线上、线下、社区渠道的多向联动。从销售方式上也在通过年轻人喜欢的形式和他们打交道。

这些方式方法不是全部，但是从一定层面上可以看出，六个核桃围绕其价值核心诉求，从不同维度落地执行六个核桃年轻化、高端的品牌形象策略。

行 动 践 行

品牌营销看似有很多概念,但它本身还是要用行动实践这些概念。用一个朋友的话来概括:"说你能做的,做你说过的。"了解消费者,并提出一个满足消费者需求的概念,需要我们去行动,去兑现。

品牌营销,不要只提一个概念,更重要的是一定要让消费者真正触摸到,也就是需要行动实践。企业需要将我们的品牌营销转化到我们的行动中。这是发现、承诺及兑现的行动实践,产品必须要兑现我们对消费者的承诺。比如 OPPO 手机说:"充电 5 分钟,通话两小时",如果充了 20 分钟,却只能通话 1 个小时,那么这个产品就会失去消费者的信任;海飞丝说:"去头屑用海飞丝。"如果消费者洗了几回都去不了头屑,那他们的体验一定会很差。只有当这些行动兑现了品牌的承诺,品牌营销才有力量。

比如星巴克提出:人们繁忙的生活里应该有一个属于他的第三空间。我们熟悉的第一空间是家(或住的地方),第二空间是工作的地方(或办公场所),但是我们有时候也想要一个第三空间,这个地方可以满足休息、聊天、办公、会客等需求。那星巴克如何践行呢?星巴克没有把咖啡馆开在星级酒店里,而是开在商业街、机场、商务中心,甚至飞机上(联合航空公司成为唯一指定的咖啡供应商)。

为什么会开在这些地方?因为在这些地方,我们都没有自己的空间,所以当星巴克告诉你,它要给你第三空间时,它就用了一杯咖啡做载体。因为如此,就让人们在没有自己空间的地方,突然感到原来有一个自己的第三空间,这是一个伴着熟悉的咖啡味道,人与人之间可以轻松地交往,可以不受干扰地写作业、看书的地方,而这也是星巴克成为全球成长最快的公司的原因之一。

我们经常听到服务营销的概念,如何把这个概念和实践相结合呢?从企业经营的角度来说,服务将是我们落地品牌营销动作的一条重要途径。服务其实是一种文化,一种真正"以客户为中心"的文化。服务是海底捞的法宝,也是小米的商业信条。这两家公司都把服务定义为自己的商业核心竞争力。例如,海底捞的员工在面对消费者的时候,都会露出发自内心的微笑。他们在擦桌子的时候都会奔跑着去干,而且随时随地提供服务。那如何来落实这种服务文化呢?海底捞的管理理念就是,首先要体现对自己员工的尊重和信任,员工才会在服务消费者的时候真心地把服务当成自己的工作。而小米是这样说的:"客户服务上一定要战略性投入做好。"但是很多公司在认知上就是错误的,比如客服在公司中往往地位都不怎么高。虽然很多企业嘴上都说服务很重要,但实际上,客服的薪水很低,办公环境投入最少。而且,客户服务部门往往会被当作一个企业的成本中心,甚至很多企业把客户服务当作企业和用户之间的防火墙。以至很多用户在联系客服多次之后总是愤怒地说:"你们除了会说对不起,还会什么?"

在中国有一句话:"说得好,不如做得好。"品牌营销更不能自己骗自己,我们提出了一个概念,然后连自己都不信,我们怎么还能指望消费者相信?有一条简单的判断原则:我们自己的员工是不是相信,或者员工是不是我们的产品的粉丝。比如,我们是生产汽车的企业,自己的员工是不是愿意买或者愿意开我们的汽车?我们是做手机的企业,我们的员工喜不喜欢用我们的手机?或者我们是做服务的企业,我们的员工是不是愿意推荐他的朋友来这里体验。如果我们不太确定这些,或者由于某些特殊原因无法用买不买来衡量,那么我们的员工愿意推荐他们的朋友来这里上班吗?因为我们的员工是最熟悉我们公司和产品的人,好或者不好其实每一个员工都会有自己的判断。品牌营销从来不是提一个概念就能行得通的,我们需要行动实践来兑现我们的概念,知行一致。

只有把品牌营销的过程践行好,才能感受到它的力量,而不能仅仅停留在概念上。知行一致,是一件很难的事,但是如果坚持去做了,就能有水滴石穿的力量。

参 考 文 献

[1] 倪宁.广告学教程[M].北京:中国人民大学出版社,2014.
[2] 加里·阿姆斯特朗,菲利普·科特勒.市场营销学[M].王永贵,等译.北京:中国人民大学出版社,2014.
[3] 古斯塔夫·勒庞.乌合之众:大众心理研究[M].马晓佳,译.北京:民主与建设出版社,2018.
[4] 艾·里斯,杰克·特劳特.定位[M].谢伟山,译.北京:机械工业出版社,2011.
[5] 华彬,华楠.超级符号就是超级创意[M].天津:天津人民出版社,2014.
[6] 马丁·林斯特龙.感官品牌:隐藏在背后的感观秘密[M].北京:中国财政经济出版社,2016.
[7] 黎万强.参与感:小米口碑营销内部手册[M].北京:中信出版社,2018.
[8] 肖恩·埃利斯,摩根布朗.增长黑客:如何低成本实现爆发式成长[M].张溪梦,译.北京:中信出版社,2018.
[9] 刘官华.新零售:从模式到实践[M].北京:电子工业出版社,2019.
[10] 艾·里斯.品牌的起源[M].寿雯,译.北京:机械工业出版社,2013.

[11] 阿尔·拉马丹,戴夫·彼得森,克里斯托弗·洛克海德等.成为独角兽[M].田新雅,译.北京:中信出版社,2017.

[12] 彼得·德鲁克.管理的实践[M].齐若兰,译.北京:机械工业出版社,2018.

[13] 杰克·韦尔奇,苏茜·韦尔奇.商业的本质[M].蒋宗强,译.北京:中信出版社,2016.

后　　记

　　老子在《道德经》中第一章的第一句话就是"道可道，非常道；名可名，非常名"，意思就是真正的"道"，其实是无法用语言完全表达出来的。或者说，如果可以用语言来表达，那就不是恒常不变的道。《庄子》中也说"道不可言"，《周易》里有言"书不尽言，言不尽意"，意思是能够完全用文字表达出来的，那根本就不是真正的意思了。

　　品牌营销，能够描述得很清楚，让大家当成手册来使用，也未必符合事物的发展规律，变化是常态。在快要写完这本书的时候，我给安徽新华学院市场营销专业的学生讲了一课《逆境中，企业如何保持可持续增长新模式——社区营销》。课后有一位同学加了我的微信，问了我一个问题，他说他家里人是做生意的，希望等他毕业了回去接班。之前是做线下的比较多，但是去年受疫情的影响，生意经营得不是很顺利，也看到有很多人在往线上转型，不知道自己应该怎么来选择？

　　我当时是这样回复他的："要结合业务本身来看，线上线下本质上都是营销的渠道发生了变化。只有清楚我们自己的消费群体,了解自己的业务形态,以及选择好获客方式,我们才能进行判断,有可能线上更好,也有可能还是线下更好,或者要结合起来做。"选择什么样的方式不重要,重要的是你要了解消费者以及如何和他们建立联系。

十几年前,我们还没有线上的生意,大家都是在线下做生意,但是互联网的兴起和发展让我们踏上了互联网的快车。互联网给很多人带来过红利,从微博到淘宝,到微信公众号,再到今天的抖音直播,每一个互联网产品的兴起都会让一部分人享受到红利。在未来还会有更多的产品出现,我们或许都有机会能够赶上。但这里面存在着许多不确定性,不确定性在于你对未来平台的不确定,对技术的不确定,对趋势发展的不确定,还有对商业模式的不确定,我们所谓的预测都是基于一种判断。

但是,我们有没有确定的东西呢?我想正如我在书中说的可口可乐的例子,可口可乐的营销思维和方式方法历经百年,到今天依然还能适用。关于营销的4P基础理论依然可以指导我们的品牌营销工作。品牌中一个一个的符号可以穿越历史的长河,越发的弥足珍贵,正如Coca-Cola的英文字母组合经历100多年,已有了仅次于OK字母的识别度。好的产品在任何时代都是被需求的,而研究消费者也是我们去创造好产品的基础工作。只要人性不变,我们的品牌营销的主战场就不会改变。

虽然技术在飞快地迭代,商业模式也在不断地更新,未来的流量、内容的不确定性充斥着我们的企业经营,但品牌营销需要时刻面对消费者、了解消费者、满足消费者的基础逻辑是可以确定的。当我们掌握住了这些确定的东西,我们才能更好地应对那些不确定的事情,很多时候,这些变化只是形式上的变化、渠道上的变化或者消费者习惯的变化,每一个企业都需要寻找到可以确定的部分,来应对每一个变化可能带来的冲击。

比如,很多人都知道迪士尼是一家很赚钱的公司,因为迪士尼有很多经典的作品和IP,包括收购漫威电影之后的许多经典电影。但是你可能不知道电影给迪士尼带来的收入,只占到迪士尼集团整体收入的很小的一部分,剩下大部分都来自各种各样的衍生品,比如,它有迪士尼乐园,有白雪公主玩偶、米老鼠的铅笔盒,还有漫威的文创,迪士尼可以用很多产品服务一个小女生,甚至将其一生都关联上。虽然迪士尼最核心的业务是电影创意产业,是火车头,但赚钱主要靠后面拖动的一节节车厢。对于迪士尼来说,它最不能确定的是它的电影创意,因为它不能够保证每一部电影都是非常好的创意,但是它能确定的是它拥有庞大的线下产业和消费者,它要做的就是看到创意作品,将它买下来,再将这个作品的衍生价值扩大数倍。

在品牌营销的世界里,我们有两个策略可以选择:第一个叫紧跟时代步伐,即适应时代的发展,始终围绕着消费者做品牌营销;第二个是掌握好品牌营销的基本逻辑,万变不离其宗。品牌营销,变化的是时代和消费者的需求,但品牌营销的基本逻辑未变。

方阿海